원칙의 힘으로 시대를 열어가는

문재인 리더십

박정태 · 전도근 공저

사람이 먼저다
Put people first!

BOOK STAR

머리말

우리 곁에 조용히 다가와 어느 날 많은 사람의 신뢰와 지지를 받으며 지도자로 부상한 인물이 있다. 노무현 전前 대통령의 30년 지기 벗이자 참여정부의 마지막 비서실장이었던 문재인이 바로 그 사람이다. 그는 노무현 대통령 서거 2주기를 맞아 그가 직접 집필한 책 《문재인의 운명》이 출간 1주일여 만에 베스트셀러 1위를 차지하며 뜨거운 관심을 낳았다.

문재인은 과연 어떤 인물인가에 대한 관심이 쏟아지고 있다. 그는 그림자 같은 존재였다가 이제 표면에 드러났다. 한마디로 그의 책 《운명》처럼 '짠!' 하고 나타난 것이다.

문재인은 6·25 전쟁이 발발한 후 흥남 철수 때 월남한 부모님 때문에 거제도 피난민 수용소에서 태어났다. 그는 어릴 때부터 특별히 뛰어난 것도 아니었고 가난 때문에 늘 주눅이 들어 있었다.

어렸을 때 그토록 타고 싶었던 자전거도 가난했기 때문에 탈 수 없었고, 무료 급식을 받아먹으며 마음에 상처도 많이 입었다.

문재인은 어린 시절 가난했지만 자기 신념에 따라 어려운 상황을 헤쳐나가야 하는 생존 본능을 스스로 익히게 되었다. 나중에 어른이 되어 큰 사건들을 겪으면서도 흔들리지 않고 원칙을 지킬 수 있었던 것도 어릴 때 겪은 가난 덕분이었다.

문재인은 살면서 사회의 모순과 빈부의 격차를 보고 사회 참여의식을 배워갔으며, 고등학교부터 옳지 않은 것과는 타협하지 않는 자세를 가지게 되었다. 학교에서 정학을 당하기도 했지만 그보다는 3선개헌 반대 시위, 학교를 병영화하려는 교련에 대한 항의 등을 계기로 사회의식과 정치의식을 높였다. 문재인이 말하는 시대정신인 '정의' 라는 단어를 이때부터 가슴속에 심게 되었다.

문재인은 대학에 가서 오랫동안 키워온 사회의식을 통하여 학생운동에 본격적으로 참여하였다. 박정희 정권의 탄압과 통제가 심했던 시절, 학생운동의 선두에 서서 반독재 투쟁을 벌였다. 당시에는 재판도 받지 않고 끌려가거나 정권에 반대하는 사람들이 간첩죄로 몰려 사형을 당하기도 하던 시대였다.

문재인의 인생을 바꾼 것은 유치장에 갇혀 있을 때 사법고시 최종 합격 소식을 들은 것이다. 문재인에게 있어서 운명의 시작은 노무현 변호사를 만나면서부터이다. 문재인은 한국이 무척 혼란스러운 시절에 노무현 변호사를 만나게 된다. 노무현과의 만남은 온갖 우연과 필연이 뒤엉켜, 운명적으로 이루어졌던 것이다.

문재인은 정치인으로서의 노무현, 그의 굴곡진 행로를 낱낱이 지켜본 사람이다. 그리고 마지막 가는 길도 배웅했다. 고故 노무현 전 대통령은 "노무현의 친구 문재인이 아니라, 문재인의 친구 노무현"이라고 했다. 지금도 문재인은 '노무현 그림자' 라는 별명을 가장 좋아한다고 말한다.

　문재인은 평생을 자신이 세운 올바른 소신과 양심에 비추어 충실하게 치열한 삶을 살아가고 있다. 그러면서 지금은 낮고 어려운 곳을 돌보며 '사람 사는 세상'을 만드는 큰 정치인으로 출발하려고 한다. 문재인은 현재 언론에 의해서 가장 원칙적이고 소신을 가진 정치인, 가장 인간다운 정치인, 진정성, 절제, 겸손함, 배려가 넘치는 정치인, 한결같이 신뢰할 수 있는 정치인 등으로 주목받고 있다.

　이 책은 청소년들에게 도움이 될 문재인의 성장 과정과 리더십을 알려주는 책이다. 우리는 이 책을 통해서 현실에 안주하지 않고 정의를 실천하는 깨끗한 리더 문재인의 삶을 배울 수 있다. 이 책을 읽는 청소년들이 문재인의 삶과 이상을 본받고, 어떤 시련에도 굴하지 않고 극복해 내는 멋진 리더가 되기를 바란다!

2012년 가을

저자 일동

목차

01

문재인의 성장

문재인의 성장

　문재인의 어린 시절은 '가난'이라는 단어와 떼어 놓을 수 없다. 1950년 6·25 전쟁이 발발한 후 이북에서 남쪽으로 피난 온 문재인의 가정은 말 그대로 처참한 상황이었다.

　아무런 기반도 없이 하루하루 연명하는 것조차 버거웠던 어린 시절 문재인은 다른 또래 아이들과 비교하면 집이 너무 가난했기 때문에 자연스럽게 자립심과 독립심을 키울 수밖에 없었다. 문재인이 할 수 있었던 것은 도서관에서 닥치는 대로 책을 읽는 것뿐이었다. 이때부터 쌓아온 지식은 사회의식이 강한 아버지의 영향을 그대로 물려받은 문재인의 자양분이 되어 세상에 조금씩 눈을 뜨게 된다.

　어려운 시기에 자신이 받았던 도움처럼 어려운 사람들을 도우며 살고 싶었다. 이는 그가 정치인이 되면서 어린 시절의 경험을 통해 서민의 입장에서 생각하고, 그들을 위한 경제 정책을 펼치겠다는 공약을 하는 것은 이런 성장 배경과 무관하지 않은 것이다.

　문재인은 노무현 대통령의 친구로서 자신이 가진 도덕성과 원칙을 지키는 이미지로 인해 우리나라에서 존경받는 리더가 되었다.

　여기서는 문재인이 어떻게 자랐고, 학창시절을 거치면서 어떠한 가치관을 형성해 갔는지, 그리고 어떻게 대통령 후보가 되었는지 시간순으로 나열하였다.

01 거제도 피난민 수용소에서 출생한 문재인

문재인은 6·25 전쟁이 한참이던 1952년 경남 거제의 피난민 수용소에서 태어났다. 문재인은 6·25 전쟁 때문에 고향을 떠나야 했던 실향민의 아들로 태어났다. 그의 부모는 원래 함경남도 흥남의 문씨 집성촌인 '솔안 마을'에서 살고 있었다. 그러다 6·25 전쟁이 터지자 1950년 12월 '흥남 철수' 때 다른 피난민들과 함께 미군 군용 함정을 타고 경상남도 거제에 도착하였다.

문재인의 부모는 조금만 있으면 전쟁이 끝날 것이라고 생각하고, 별다른 준비 없이 거의 맨몸으로 거제까지 피난을 왔다. 그러나 아버지의 뜻대로 되지 못했기 때문에 아무것도 가진 것 없는 남한에서 어려운 삶을 시작해야 했다. 다른 실향민들처럼 끼니를 때우기조차 어려운 생활이 시작되었다.

원래 문재인의 아버지는 일제 강점기 때 함흥 농고를 졸업하고 시청에서 농업계장으로 공무원 생활을 하였다. 아버지의 성품은 조용했고, 말수가 적었으며, 술도 마시지 않았던 선비 스타일이었다. 아버지는 재산이 될 만한 것들을 가지고 오지 않았기에 먹고 살기 위해서 막노동을 해야만 했다. 이전까지 사무만 보다가 노동을 하다 보니 체질에 맞을 리 없었다.

거기다 모든 친인척을 흥남에 두고 내려왔기 때문에 거제에서는 아는 사람이 없어서 외롭기도 한 때였다. 가족을 이끌어야 했던 아버지는 양말 장사를 해보겠다며 나섰다가 빚돈을 빌리게 되고, 수금이 잘 안 되어 빚은 늘어 가게 되었다. 결국 아버지는 빚만 잔뜩 지고 장사에서 손을 털고 나서 평생 가난에서 헤어나지 못했다.

아버지의 경제적 몰락은 어머니의 고생으로 이어졌다. 초등학교에 들어갈 무렵 부산으로 이사를 하고 생계는 거의 어머니가 꾸려 나갔다. 어머니는 달걀 장사를 비롯해 시장에서 구호물자 옷가지나 잡화를 팔며 닥치는 대로 일을 하며 돈을 벌었다. 그래도 근근이 입에 풀칠할 정도여서 가난을 떨칠 수가 없었다.

나중에 어머니는 연탄 배달을 하기도 했다. 어린 문재인은 연탄이 잔뜩 실린 어머니의 손수레를 뒤에서 밀며 연탄 배달을 도왔다. 어머니를 돕다가 내리막길에서 고꾸라진 적도 있다. 한때는 어머니가 중학교 1학년이던 문재인과 암표 장사를 하기 위해 이른 새벽 부산역으로 향한 적이 있다. 그러나 어머니는 차마 아들 앞에서 떳떳하지 못한 돈을 벌 수 없어 먼 길을 그냥 돌아오기도 하였다.

어린 문재인은 양말 장사를 하다 망한 아버지를 보면서, 또한 시장에서 좌판을 꾸려 장사를 하고 연탄 배달로 가족의 생계를 꾸려가는 어머니를 보면서 늘 죄송하기만 하였다. 어린 문재인은 부모가 부산이라는 낯선 타향에서 어렵고 힘들게 살아가는 모습을 옆에서 지켜볼 수밖에 없었다.

당시의 상황에 대하여 문재인은 그가 쓴 책 《운명》에서 "가난도 아팠지만, 분단과 전쟁 때문에 아버지가 당신의 삶을 잃은 것이 늘 가슴 아팠다."라고 고백하고 있다. 집이 가난해 자신도 매우 힘든 삶을 살았지만 현실을 원망하기보다는 아버지의 힘든 삶을 더 걱정하였다.

어린 문재인은 가난했기 때문에 자연스럽게 부모님의 고생에 고마워하게 되고, 효도해야 하는 것을 배우게 되었다.

02 가난도 배워야 할 공부다

어린 문재인에게 가난은 하고 싶은 것을 할 수 없게 만들었으며, 생활을 불편하게 만들었다. 어린 문재인은 가난했지만 자신의 삶에 대해서 좌절하거나 자포자기하지 않았다. 가난은 고통만을 가져다준 것은 아니었다.

어려운 가정환경 때문에 어린 문재인도 매우 가난하고 힘든 삶을 살아야 했다. 당시 한국은 전쟁이 끝나고 경제가 파탄되어 있었기 때문에 미국의 구호물자를 받으며 살았다. 당시 영도에서는 신선성당에서 가난한 사람들을 위해 구호물자를 나눠주었다.

어린 문재인은 학교를 마치고 양동이를 들고 가 줄을 서서 강냉이 가루며 전지분유를 타서 끼니를 해결해야만 했다. 장남인 문재인은 배급받기 위해서 줄을 서서 기다리는 것이 싫었지만 끼니를 해결하기 위해서 어쩔 수 없었다.

줄을 서서 기다리는 동안 성당의 수녀들이 어린 문재인에게 사탕이나 과일을 손에 쥐어 주기도 했다. 어린 문재인의 눈에는 수녀들이 천사처럼 보였다. 이런 고마운 인연으로 어머니가 먼저 가톨릭에 입교하였고, 문재인도 3학년 때 영세를 받았다. 문재인은 훗날이 성당에서 결혼식을 올렸고, 어머니는 지금도 그 성당에 다닌다.

초등학교 6학년 때는 수업료를 내지 못해서 담임교사에 의해 학교에서 쫓겨나기도 했다. 문재인이 어린 시절 아주 인상 깊었던 추억이 있다. 그가 살던 옹색한 함석지붕 판잣집의 지붕이 날아가 버리는 황당한 경험이었다. 1959년에는 부산을 강타한 사라호 태풍이 집을 덮쳤다. 그때 하필 아버지는 장사를 나가서 집에는 어린 문재인과 어머니뿐이었다. 거센 바람에 부엌문의 경첩이 빠져 삐걱거렸지만, 두 사람이 그 문을 온전히 지켜내기란 역부족이었다. 부엌문이 떨어져 버리자 왈칵 밀려든 바람은 온 집을 팽팽하게 부풀리는가 싶더니 급기야는 지붕을 밀어 올려 홀랑 날아가 버렸다. 그 지붕은 어디로 날아가 버렸는지 찾을 수가 없었다.

　　어릴 적 가난의 기억은 문재인이 살아가면서 그대로 인생의 교훈이 됐다. 그 이상 가난해지고 싶지 않았지만, 그렇다고 혼자 잘살고 싶지도 않았다. 어려운 시기에 자신이 받았던 도움처럼 어려운 사람들을 도우며 살고 싶었다. 이는 그가 정치인이 되면서 어린 시절의 경험을 통해 서민의 입장에서 생각하고, 그들을 위한 경제 정책을 펼치겠다는 공약을 하는 것은 이런 성장 배경과 무관하지 않은 것이다.

03 인내력과 독립심을 키우다

우리 주변에는 아무리 힘든 일이 있어도 잘 견뎌 내고 성공의 발판으로 삼는 사람이 있는가 하면, 부족한 것 없이 여유로운 듯해도 쉽게 포기하고 좌절하는 사람도 있다. 어린 문재인은 가난을 원망한 것이 아니라 오히려 가난을 통해서 남들보다 일찍 강한 인내력과 독립심을 키워 나갔다.

한때는 부엌칼로 갖고 싶었던 장난감을 손수 만들다가 손톱이 뭉툭 잘려나가는 큰 상처를 입은 적이 있었다. 어린 문재인은 아팠지만 눈물도 흘리지 않았으며, 다른 아이들처럼 어른들에게 알리지 않고 혼자서 치료하였다.

어린 문재인은 가난 때문에 갖고 싶지만 갖지 못한 물건들과 하고 싶은데 하지 못한 일들이 많았다. 애당초 돈이 드는 일은 집이 어렵기 때문에 해줄 수 없다는 생각 때문에 말도 꺼내 보지 못한 일들도 많았다.

문재인은 어릴 때 자전거를 너무 갖고 싶었다. 하지만 가정의 어려움을 알고 있었기 때문에 또래 아이들처럼 부모에게 자전거를 사 달라고 떼를 쓰지 않았다. 자전거를 갖는 싶은 것은 고사하고 푼돈을 내고 빌려 타는 것도 형편이 허락하지 않아 자전거를 타는 것을 배울 기회를 갖지 못했다. 그래서 문재인은 아직도 자전거를 타지 못한다.

TIP

문재인은 어릴 때 가난 때문에 늘 주눅이 들어 있었다. 갖고 싶은 것이나 하고 싶은 일도 가난 때문에 참아야 했다. 그토록 타고 싶었던 자전거도 탈 수 없었고, 무료 급식을 받아먹으며 마음에 상처도 많이 입었다.

그러나 어린 문재인은 다른 또래 아이들과 비교하면 집이 너무 가난했기 때문에 자연스럽게 자립심과 독립심을 키울 수밖에 없었다. 문재인은 가난해서 어려운 어린 시절을 살았지만, 오히려 반드시 성공해야만 한다는 뚜렷한 목표의식을 가질 수 있게 되었다.

결국 문재인은 이러한 경험을 바탕 삼아 자신처럼 어려운 상

황을 겪는 사람들을 돕기 위해 치열하게 살고 있다.

| SBS의 '힐링캠프' 제작진이 보낸 자전거

2012년 1월, SBS의 '힐링캠프'에 문재인이 출연했을 때 자전

거를 갖고 싶었지만 가난 때문에 가지지 못한 것은 물론 자전거

타는 법을 배우지도 못했다는 사실이 알려지면서 제작진으로부

터 자전거 한 대를 선물로 받았다.

문재인은 그 자전거를 사상의 선거 사무실에 갖다 놓았는데,
커다란 선거 벽보 앞에 놓인 자전거 앞에서 많은 방문객이 사진
을 찍곤 했다. 자원봉사자들은 그 자전거에 바람개비를 달아 장
식해 주었다. 그 자전거를 타고 바람개비를 힘차게 돌리며 맘껏
달리는 상상을 하면 언제나 가슴이 설레었다고 한다.

| 부산의 명문, 경남중학교 졸업 사진

04 독서로 희망을 꿈꾸다

문재인은 독서광으로 알려져 있다. 그의 책 《운명》을 보면 이런 대목이 나온다.

"지금도 나는 책 읽기를 좋아한다. 아니 좋아하는 차원을 넘어, 어떨 땐 활자 중독처럼 느껴진다."

문재인은 지금도 항상 책을 옆에 끼고 다니며 읽고 있다. 문재인이 이렇게 성공하게 된 것은 바로 독서의 힘이라도 해도 과장은 아닐 듯하다.

문재인이 초등학생 때는 중학교 입시가 있었다. 입학시험을 앞두고 학교에선 6학년을 늦게까지 남겨 공부시켰는데 그때 문재인은 자신이 공부를 잘하는 편이라는 걸 처음 알았다고 한다. 문재인은 부산남항초등학교를 다니는 동안 과외수업을 한 번도 받지 않았지만 무난히 부산의 최고 명문 경남중학교에 합격하였다.

경남중학교는 명문학교답게 유복한 집안에서 자란 친구들도 많이 입학하였다. 자연스럽게 빈부의 격차를 느끼기 시작하였다. 상상할 수 없이 큰 집에서 살고 가정부로부터 도련님 소리를 듣는 학교 친구들과 문재인은 어울리기 힘들었다. 문재인은 처음으로 세상의 불공평함과 그로 인한 위화감을 피부로 느꼈다.

문재인은 공부는 잘했지만 그렇게 눈에 띄는 학생은 아니었고, 내성적인 학생이었다. 친구 관계도 넓게 하지 않고 오직 조용히 공부만 하는 스타일이었다. 한마디로 선생님 말씀을 잘 듣고, 학교생활을 열심히 하는 모범생이었던 것이다. 동창들은 문재인을 조용한 모범생으로만 인식하고 있었기 때문에 나중에 대학에 가서 학생운동을 했다는 이야기를 듣고, 믿지 않았을 정도였다.

그런 문재인을 구원해준 것은 바로 '책'이었다. 아버지는 장사를 나갔다가 한 달에 한 번 정도 집으로 돌아올 때 책을 사다 주곤 했다. 주로 동화책이나 위인전 등을 문재인에게 사다 줬다고 한다. 아버지가 다른 책을 사올 때까지 두 번, 세 번 읽었다.

초등학교 시절, 교과서 외에는 읽을 책이 전무했던 소년 문재인은 아버지가 가져다 준 책 외에도 세 살 위 누나의 교과서에 나오는 시와 소설들까지 남김없이 읽어버렸다. 읽을 것이 부족했던 그에게 도서관은 꿈의 공간이었다. 현실에서 느끼는 어려움을 극복하기 위해 문재인은 자연스럽게 도서관에 파묻혀 좋아하는 책을 읽기 시작하였다.

중학교에 들어가서도 도서관을 다니며 닥치는 대로 읽었다. 중학교 2학년 3개월가량은 도서관 문 닫을 때까지 책을 읽었다. 한국소설에서 시작한 독서는 외국소설을 넘어 그 영역을 확장해 나갔다. 심지어는 당시 진보적인 성향을 띠고 있던 《사상계》* 등을 읽으며 어렴풋하게나마 사회의 모순과 자신이 앞으로 어떤 세상을 만들어야 하는지를 알게 된다.

문재인은 책을 읽으면서 자신만의 세상에 빠져들기 시작하였다. 문재인은 책 속에서 다른 세상을 만나는 것이 정말 행복했다. 문재인에게 있어 책 속의 낯선 세상은 참으로 흥미진진했다. 문재인은 책을 읽으면서 꿈을 키우면서 상상력을 자극하였다.

문재인은 지금도 책 읽기를 좋아한다. 어디 여행을 가도 가져가는 책 때문에 짐이 더 무거워진 적이 많으며, 쉴 때도 손닿는 곳에 책이 없으면 허전하다고 하였다.

---

* 《사상계》 : 정치·경제·문화·사회·철학·교양·문학·예술 등 다방면에 걸쳐 권위 있는 글을 실었던 월간 종합 교양지. 1953년, 장준하 선생이 창간하였다.

　　가난하고 내성적인 어린 문재인은 책과 신문, 잡지를 닥치는 대로 읽으면서 세상 돌아가는 일에 눈을 뜨고 자신을 단단하게 만들어 갔다. 문재인은 당시를 회상하면서 "체계적인 계획이나 목표 없이 마구 읽었다. 하지만 이런 독서 경험은 나를 성장하게 만들었다. 그리고 독서를 통해 세상을 알게 됐고, 인생을 알게 됐다. 사회의식도 생겼다."라고 말한다. 뒷날 인권변호사의 길로 들어서게 된 데에는 이러한 독서와 어린 시절 겪었던 가난이 좋은 밑거름이 되어 주었다.

05 경남고등학교에 진학하다

공립인 경남고등학교는 과거 비평준화 시절 명문대에 많은 합격생을 배출했다. 당시 서울대학교 진학률은 전국 입시 순위 4~5위를 차지하였다. 당시 전국 10대 명문고에는 경남고등학교를 포함해 경기고, 서울고, 경복고, 경북고, 경기여고, 광주일고, 전주고, 대전고 등이 차지하였었다.

경남고가 경남에 있지 않고 부산에 있는 이유는 광복 직후 부산이 광역자치단체가 아니었고 경남에 속해 있어서 경남도청 소재지가 부산이었기 때문이다. 경남고는 상대적으로 부산의 부잣집 아들들이 많이 갔다. 경남고 졸업생 중에는 사업가와 정치인이 많다.

특히 경남고는 정·관계 인맥이 화려한데 김영삼 전 대통령, 김형오·박희태 전 국회의장, 양승태 현 대법원장이 등이 이 학교 출신들이다. 경남고등학교에 다니는 학생들은 걸핏하면 "한강 이남에서 제일"이라 말할 정도로 일류 학교라는 자부심이 강하다. 만약 문재인 후보25회가 대통령이 되면, 경남고는 대통령을 두 명 배출한 유일한 고등학교가 된다.

문재인은 경남고등학교 재학 시절 중학교 때보다 활달해졌다. 책에만 파묻힌 게 아니라 친구들과도 많이 어울렸다. 공부 잘하는 친구들끼리도 어울렸고, 이른바 '노는' 친구들하고도 어울렸다.

축구 같은 운동을 좋아해서 수업시간에 '땡땡이' 치고 축구를 하기도 했다. 다양한 그룹의 친구들을 폭넓게 사귀었다. 학과공부에 신경 안 쓰고 다른 일에 빠져 있긴 했어도 상위 등수는 계속 유지했다. 부모님은 제대로 공부하는 모습은 못 보았지만 성적은 그런대로 잘 나왔기 때문에 별 간섭을 안 하셨다.

문재인은 아주 별나게 굴거나 말썽을 부리는 학생은 아니었다. 그런데 이상하게도 학칙이나 규칙 같은 것이 잘 안 맞았는지, 정학을 네 번이나 당했다. 1학년 때 한 번, 2학년 때 한 번 정학을 받았다. 두 번 모두 다른 친구에게 시험답안을 보여주다 들켰다.

1학년 때 답안을 보여준 친구는, 그 시험까지 망치면 유급당할 절박한 처지였다. 불쌍하기도 하고, 하도 간곡하게 부탁하는 바람에 보여주다 걸리고 말았다.

2학년 때에도 딱한 사정으로 도와줘야 하는 친구가 있어 아예 세계사 시험지에 답을 다 적어서 통째로 넘겨줬다. 그런데 그 친구가 자기만 보고 말았어야 하는데 사방에 돌려버렸다. 답안지가 빙글빙글 돌아가 문재인에게서 한참 떨어져 앉아 있는 아이 자리에서 발견되어 선생님에게 걸렸다. 세계사 시험은 전교에서 유일하게 100점을 받았다. 선생님에게 칭찬 받으면서 정학을 당했다.

| 경남고등학교 시절(가운데 줄 맨 오른쪽)

　　문재인은 고등학교 생활 중에 4번이나 정학을 당했다. 대부분 친구들과 친해서 일어난 일이었다. 그러나 문재인은 성장하면서 친하다고 해서 봐주다 보면 안 된다는 생각을 하게 되다. 그래서 점점 친구 관계에 대해서 맺고 끊는 것을 정확히 하기 시작하였다. 이러한 습관은 나중에 청와대 생활을 하는 내내 '깨끗하고 또 깨끗이 하라'는 그의 가치관을 지켜갈 수 있게 해주었다. 정치적으로 강했던 경남고등학교 동기들이었지만 노무현 대통령 임기 중에 검사장으로 승진한 열일곱 명 중에 문재인이 졸업한 경남고등학교 동문은 한 명도 없었을 정도였다.

06 문제아가 되다

문재인은 고등학교에 입학하고 머리가 굵어지면서 사회에 대한 반항심 같은 것이 생겼다. 다른 학생들처럼 오로지 공부에만 매달리지 않고, 서클활동을 하기도 했고, 방학 때 무전여행이나 캠핑 같은 것도 했다. 공부는 더 뒷전이 됐지만 친구들을 폭넓게 사귀게 됐다. 그러면서 사회에 대한 관심과 직접 사회 참여 활동에 관심을 가지게 되었다.

문재인은 경남고 3학년 때 술과 담배를 배웠다. 당시 경남고등학교는 술이나 담배를 금지하긴 했어도, 모른 척 용서해 주는 분위기가 있었다.

고3 봄 소풍 때 일이다. 대학입시 때문에 가을 소풍이 없어서 학창시절 마지막 소풍이었다. 자유 시간에 친구들과 인근 마을에서 술을 사와 마셨는데, 그중 한 명이 몸을 가누지 못할 정도로 많이 취했다. 들킬까 봐 걱정이었는데, 아니나 다를까 집합 시간에 이 친구가 담임선생 앞에서 인사불성이 되어 뻗어버렸다. 할 수 없이 함께 술을 마셨다고 자백한 후, 그 친구를 업고 병원에 갔다. 위세척까지 하고서야 깨어났다. 학교에서 처벌을 하려고 했으나 그래도 의리를 지켜 솔직하게 자백한 결과, 정상이 참작되어 술에 만취된 친구만 정학 받은 것으로 끝났다.

그 후 여름방학이 끝날 무렵 친구들과 축구시합을 한 다음, 학교 뒷산에서 술 마시고, 담배 피우며 고성방가하다가 하필 당직하고 있던 지도부 주임 선생님에게 잡혀서 모두 유기정학을 받았다.

중·고등학교 때 문재인의 별명은 '문제아'였다. 처음엔 그냥 이름 때문에 생긴 별명이었는데, 그 두 번의 일로 진짜 문제아가 됐다.

부모님은 일찍부터 모든 것을 알아서 잘하는 문재인을 어른 대접 해주었고 술·담배도 간섭하지 않았다. 한번은 무심코 교복 주머니 속에 담배를 넣은 채 옷을 빨아달라고 내놓았는데, 나중에 어머니는 아무 말 없이 담배를 그대로 책상 위에 얹어놓았다. 속으로 크게 걱정하셨을 텐데 내색을 전혀 안 했다.

문재인이 고등학교에 다닐 때엔 지금처럼 대학생 수가 많지 않아

고등학생만 돼도 많이 배운 축에 속해 괜찮은 직장을 얻을 수 있었다. 그리고 고등학생들을 요즘처럼 어리게만 보지 않고 꽤 어른 대접을 해줬다. 더욱이 4·19 혁명이 일어난 지 얼마 되지 않았기 때문에 중요 시국상황을 맞이하면 고등학생도 시위에 동참하였다.

경남고등학교에서도 전교생이 3선 개헌 반대 데모를 하고 교문 밖 진출을 시도할 때 고2였던 문재인도 참여하였다. 그 무렵 막 도입된 페퍼포그 차를 동원해 교문을 막는 바람에, 밖으로 나가지는 못했다. 그러나 이 사건으로 꽤 오랫동안 경남고등학교는 휴교를 했다.

한편 그해 초부터 고등학교에서도 교련이 실시됐다. 박정희 정권이 장기 집권을 위해 학교를 병영화하고, 학생들을 장악하려는 의도였다. 학생들은 교련에 대한 불만도 많았다. 이로 인해 교련시험 때 백지 답안지를 집단으로 낸 일도 있었다. 문재인은 이런 일들을 직접 경험하면서 사회의식과 정치의식을 크게 키우게 되었다.

문재인은 학교에서 술을 마셔 정학을 당하기도 했다. 그리고 3선 개헌 반대 시위, 학교를 병영화하려는 교련에 대한 항의 등을 계기로 사회의식과 정치의식을 높였다. 문재인이 말하는 시대정신인 '정의'라는 단어를 이때부터 가슴속에 심게 되었다. 결국 경남고등학교 시절에 문재인은 내면을 성장시키고 건강한 사회의식을 갖게 되는 중요한 시기였다.

현재 문재인의 생각과 삶의 모습은 하루아침에 뚝딱 만들어진 것이 아니다. 어린 시절부터 학창시절을 거쳐 가면서 더 단단하게 사회 정의를 실현하는 의지를 키웠기 때문이다.

07 대학에 진학하다

문재인은 학교 다닐 때 역사 과목이 제일 재미있었고, 성적도 제일 좋았다. 지금도 문재인은 역사책 읽는 걸 좋아한다. 대학에 가서도 역사학을 공부하고 싶어 했지만 사학과를 가기에는 높은 점수가 아깝다는 이유로 담임선생님과 부모님은 반대하였다.

결국 부모님의 뜻을 거스르지 못하고 입시 방향을 바꾸었는데, 공부를 등한히 하여 대학 입시에서 실패했다. 1년 재수를 하고 당시 후기였던 경희대 법대에 입학했다. 만약 문재인은 자기가 원하는 대로 사학과에 입학했다면 지금과는 완전히 다른 길을 걸었을 것이며, 역사학자나 대학교수가 되어 있었을지도 모른다.

문재인은 문과에서 두각을 나타냈기에 으레 서울대에 당연히 가야 하는데 재수 끝에 후기인 경희대 법대에 진학했다. 당시 경희대는 4년 장학금을 내걸고 우수 학생을 유치했다. 그는 학비가 들지 않는 경희대를 선택한 것으로 보인다.

1972년 문재인이 경희대 1학년 때 유신헌법*이 선포됐다. 당시 경희대학교는 학생운동에 적극적으로 참여하지 않는 분위기였지만, 문재인은 하숙생활을 하면서 밤늦게까지 현실에 대해서 많은 대화를 나누고 비판의식과 사회의식을 키워 갔다. 이때 가장 큰 영향을 미친 사람은 리영희 선생이었다. 문재인은 그의 책을 읽고 사회의식을 체계화했다.

문재인은 오랫동안 키워온 사회의식을 바탕으로 학생운동에 본격적으로 참여하기 시작하였다. 박정희 정권의 탄압과 통제가 심했던 시절, 학생운동의 선두에 서서 반독재 투쟁을 벌였다. 당시에는 재판도 받지 않고 끌려가거나 정권에 반대하는 사람들이 간첩죄로 몰려 사형을 당하기도 하던 공포의 시대였다.

---

* 유신헌법 : 대한민국 제4공화국의 헌법으로 헌정 사상 7차로 개정되었다. 박정희(朴正熙) 대통령은 1972년 10월 17일, '우리 민족의 지상 과제인 조국의 평화적 통일'을 뒷받침하기 위하여 '우리의 정치 체제를 개혁한다'고 선언하였다. 그리고 초헌법적인 국가긴급권을 발동하여 국회를 해산하고 정치 활동을 금지하는 동시에 전국적인 비상계엄령을 선포한 뒤, 10일 이내에 헌법 개정안을 작성하여 국민투표로써 확정하도록 지시하였다.

* 긴급조치 : '헌법에 대한 일체의 비판이나 반대 논의를 금지'하는 내용으로 긴급조치 위반자는 영장 없이 체포·구금할 수 있게 했으며, 이 조치를 비방하는 사람 역시 1년 이상의 징역형에 처할 수 있게 했다.

법대 3학년 시절 유신 반대 열기가 캠퍼스를 뒤덮었고, 긴급조치*
가 연이어 발표되고 민청학련 사건*과 최근 논란이 되고 있는 인혁
당* 사건 등이 터졌다. 이렇다 할 학생운동이 없던 경희대에서도
가을에 접어들자 재단 퇴진 농성을 계기로 유신 반대 시위가 계획
되었다. 문재인은 당시 총학생회장이던 강삼재를 대신하여 당시 총
학생회 총무부장으로서 집회에 필요한 선언문을 작성하고 시위를
주도했다.

유신 반대 시위를 주동하고 학우들을 보호하기 위해 제 발로 걸어
가 경찰에 체포되었다. 결국 문재인은 1975년 4월 11일, 집회 때 구
속되어 1975년 6월, 집회 및 시위에 관한 법률 위반으로 징역 2년을
선고받고 학교에서 제적당했다. 처음부터 각오한 일이었다. 집에 알
리지는 않았다. 오히려 되도록 늦게 알았으면 하는 바람이 더 컸다.

* 민청학련 사건 : 1974년 전국의 각 대학은 민주청년학생총연맹(민청학련)의 이름으
로 대규모 시위를 계획하지만, 중앙정보부는 오히려 민청학련이 북한의 사주를 받아 국
가를 전복시키고 공산 정권을 수립한다는 정치 공작으로 180여 명에게 사형과 무기징
역 등을 선고하였다.

* 인혁당 : 인민혁명당 사건은 1974년 4월, 군사독재에 맞서 대학생들이 궐기하자 당
시 중앙정보부가 국가보안법 위반 등의 혐의로 23명을 구속 기소했으며 법원은 이 중
8명에게는 사형, 15명에게는 무기징역 및 징역 15년의 중형을 선고한 사건이다. 사형이
선고된 8명은 대법원 상고가 기각된 지 20여 시간 만에 형이 집행됐다. 하지만 33년이
지난 2007년, 대법원은 인혁당 사건 재심 공판에서 무죄를 선고했다.

유치장에 수감되어 있다가 교도소로 이송되던 날, 호송차의 동전만 한 구멍을 통해 어머니가 팔을 휘저으며 "재인아! 재인아!" 소리쳐 부르는 모습을 보았다. 아들의 구속을 뒤늦게 알고 급히 서울로 올라오신 어머니가 어딘가에 의지할 데도 없이 이곳저곳을 전전하다가 검찰청에서 우연히 호송차를 타는 문재인을 발견했던 모양이었다.

문재인은 그 상황이 마치 영화의 한 장면 같이 뇌리에 깊이 각인되어 지금까지도 기억이 생생하다고 한다. 어려운 형편에 무리를 해가며 대학까지 보낸 자식이 포승줄에 묶여 교도소로 향하는 모습을 보았을 때, 부모님의 심정이 어떠했을까 생각하면 그 죄송스러움을 견디는 것은 참으로 고통스러운 일이었다. 그래서 그런지 아버지는 아예 면회를 오지 않았다. 다행히 징역 2년을 구형받았는데 어찌된 일인지 징역 10개월의 집행유예가 선고됐다. 담당 판사가 정권의 눈치를 보지 않고 소신 판결을 내린 것인데, 이로 인해 그 판사는 판사 재임용에서 탈락했고 결국은 법복을 벗었다.

| 문재인의 대학 시절 친구들과 함께
(맨 뒷줄 오른쪽 세 번째가 강삼재, 가운데 줄 오른쪽 세 번째가 문재인)

| 문재인의 대학 시절 모습(맨 왼쪽)

08 군대에 입대하다

석방이 되자 곧바로 입영 영장이 날아왔다. 문재인은 1975년 8월 육군에 입대했다. 신체검사 날짜와 입영 날짜가 하루 간격이었다. 이른바 시위를 했기 때문에 그에 대한 강제 징집이었다. 훈련을 마치고 자대 배치를 받았는데 특전사였다. 특전사가 공수부대라는 사실을 알게 된 것은 용산으로 가는 군용열차가 경남의 삼랑진을 지날 무렵이었다.

문재인은 특전사령부 예하 제1공수 특전여단 제3대대 수중폭파 요원으로 복무하였다. 상병 복무 중일 때에는 판문점 도끼 만행 사건이 발생하여 미루나무 제거 작전에 투입되기도 하였는데, 당시 소속 부대 여단장이 전두환, 대대장은 장세동이었다. 나중에 전두환은 대통령이 되었고, 장세동은 경호실장이 되었다. 제대 후 문재인은 자신의 상관이었던 전두환의 퇴진을 외치며 데모에 참여했으니 참으로 아이러니한 일이었다.

6주간의 특수전 훈련을 마칠 때 정병주 특전사령관으로부터 폭파 과정 최우수 표창을 받았고 자대 배치 이후 전두환 여단장으로부터 화생방 최우수 표창을 받았다.

공수특전사 구성은 일반 군대와 다르다. 1개 중대가 12명밖에 안 된다. 일반 보병부대는 통상 200~300명 가까이 되는데, 일종의 비정규전 특수 침투 부대이기 때문에 소수로 운영된다. 공수부대는 전쟁이 벌어지면 적진 깊숙이 침투해서 단독으로 특수작전을 벌인다.

적진 내에서 저항 세력을 규합해, 그들에게 자신의 전문 분야별 교육까지 하는 임무도 띠고 있다. 따라서 12명 가운데 화기 주특기 2명, 폭파 주특기 2명, 통신 주특기 2명, 정보·작전 1명 등으로 구성된다. 장교와 부사관까지 포함해 단 12명이 내무반도 함께 쓴다. 중대원들은 동고동락 공생공사를 한다. 물론 내무반 생활은 1년에 3분의 1 정도이고, 연간 3분의 2가량은 밖에 나가 훈련했다.

중대장도 훈련 나가면 모든 일을 자기가 알아서 하고, 당번병이나 참모 병사 따위도 없으며, 무엇보다 전우애가 좋았다. 공수부대는 고된 훈련을 하며, 극한 상황을 극복하는 훈련을 받는다. 점프공중낙하도 공수훈련은 무척 힘들었지만, 그 후 자대에서 하는 점프는 할 만했다.

매우 위험이 따르는 일이라 긴장을 늦출 수는 없었지만 낙하산이 펼쳐져서 공중에 떠 있는 동안엔 황홀한 경험을 하였다. 또한, 수중 침투 훈련도 기억에 많이 남았다. 부산 출신답게 수영은 좀 하는 편이라 첫해에 바로 고급 인명구조원 자격을 취득했다.

실제로 그는 군 생활에서 두각을 나타냈다. 그의 주특기가 폭파라는 사실은 점잖은 지금의 이미지와 사뭇 다른 반전이다. 폭파 과정 최우수 표창, 화생방 최우수 표창을 받았다고 하니 실력 있는 군인이었다는 것이 확실하다.

1978년 2월, 육군 병장으로 만기 제대했다.

| 왼쪽 사진은 군 복무 중 취득한 인명구조원 강습 수료증
오른쪽은 공수훈련 중 휴식시간에 ……

　　　군대 생활은 힘들었지만 그만큼 문재인을 더 단단하게 해주었다. 무슨 일이든 다 해낼 수 있다는 자신감과 세상을 좀 더 긍정적으로 볼 수 있는 눈을 기르게 해주었다. 문재인에게 있어 군대 경험은 그 후의 삶에 큰 도움이 되었다. 많은 어려운 훈련을 생전 처음해 보는 것이었지만, 막상 해보니 다 해낼 수 있더라는 경험이 훨씬 긍정적이고 낙관적인 사람으로 만들었다. 변호사를 할 때나 청와대에 있을 때 처음 겪는 일이 많았다. 모든 일이 처음일 뿐 아니라 참고할 만한 선례가 없을 때 모든 일을 스스로 판단으로 부딪쳐 가야 했는데, 그럴 때 군대 생활에서 배운 불굴의 도전정신은 큰 도움이 됐다.

09 아버지의 죽음

1978년 2월, 제대를 하고 집으로 돌아왔지만 갑갑한 상황이었다. 대학교에 다시 복학하는 것은 불투명하였다. 그렇다고 취직하기도 어중간하였다. 문재인의 인생에서 이것도 저것도 하지 못하고 대책 없이 기다리기만 하는 가장 난감한 기간이었다.

그 와중에 아버지가 갑자기 돌아가셨다. 그때 아버지 연세는 겨우 59세였다. 젊은 나이에 고생만 하시다 돌아가신 아버지 때문에 문재인은 너무나 가슴 아팠다.

더욱이 살아 계실 때 아들로서 무엇 한가지 제대로 보여준 것이 없는 것 같아 죄송하기도 하였다. 문재인은 뒤늦게나마 한 번이라도 잘 되는 모습을 보여 드리고 싶어 사법시험을 보기로 결심했다.

어머니는 아버지 죽음을 받아들이기 어려워하셨다. 어머니도 사시면서 한 번도 어렵게 사셨던 아버지에 대해 아무 원망이 없었다. 그뿐만 아니라 아버지가 돈을 못 벌어 온다고 어머니가 타박하시거나, 그 때문에 서로 싸운 적도 없었다.

문재인의 아버지는 원래 말씀이 별로 없으셔서 아버지와의 따뜻한 추억이 많지 않았다. 아버지에 대한 기억은 사회비판 의식을 갖고 있던 분으로 기억하고 있다. 가끔 《사상계》를 읽으셨고, 왜 한일회담에 반대해야 하는지를 지인들에게 말씀하셨던 기억, 그리고 농촌을 살리는 정책을 펼쳐야 한다며 개탄하셨던 말씀을 기억하고 있다.

문재인의 아버지는 현실 적응 능력이 부족하여 하는 일이 잘되지 않아 평생 고생하면서 살았다. 말이 많지 않은 아버지였지만 어린 문재인에게는 강렬하게 영향을 미쳤다.

성품이 선비 같은 분이라 남들과 싸우거나 욕설 같은 것을 들은 적이 없다. 문재인의 아버지가 아주 가끔 하신 최고의 거친 소리는 "거, 이상한 사람이네." 였다. 문재인도 아버지의 영향을 받아서 평생 욕을 안 하고 자랐다. 그리고 어릴 때 보여준 아버지의 사회비판 의식은 문재인의 비판의식에 영향을 미쳤다.

10 연애, 그리고 결혼

문재인은 지금의 아내 김정숙 씨와 대학 시절 법대 축제 때 파트너로서 처음 만났다. 당시 김정숙 씨는 성악을 전공하는 같은 학교 2년 후배였다. 서로에 대한 호감은 있었지만 숫기가 없었던 둘은 한동안은 고작 눈인사나 나누는 정도였다.

운명이었는지 1975년 4월 시위에서 문재인은 최루탄을 맞고 기절하였고, 아내 김정숙 씨가 물로 적셔 깨우면서 두 사람은 본격적으로 연애를 시작했다. 이때부터 김정숙 씨는 부단하게 문재인을 면회다녀야 했다.

문재인이 첫 번째 구속이 되었을 때, 김정숙 씨는 유치장에서 면회 시간 내내 문재인의 모교인 경남고등학교가 전국 야구대회에서 우승한 기사를 보여주면서 설명해 주었다. 김정숙 씨는 감옥에 갇헌 문재인이 기뻐할 일이 무엇일까를 고민하다가 문재인이 야구를 매우 좋아한다는 사실을 떠올리고는 즐겁게 해주려고 하였던 것이다. 문재인은 아무리 야구를 좋아해도 시국 사건으로 구속된 처지에 그 소식이 즐겁지는 않았지만 그런 마음 씀씀이가 귀여워서 웃음을 지었다. 나중에 이 일은 두고두고 회상을 하면서 서로 웃음을 짓는 일이 되었다.

그 후 김정숙 씨는 문재인이 군대에 강제 징집당하자 군대로 면회를 다녔다. 문재인이 제대 후 고시 공부를 하고 있을 때는 또 그곳으로 면회를 다녔다. 김정숙 씨는 "면회를 하도 다녀서 자신의 연애사를 면회의 역사"라고 말하곤 한다.

장인·장모님께 첫인사를 드린 건 군대 시절이었다. 평일에 열리는 아내의 졸업 연주회에 참석하기 위해 영창 갈 각오를 하고 가짜 외출증을 끊어 연주회에 참여했다. 군복 차림에 베레모를 쓰고 불쑥 나타난 문재인을 보고 장인·장모님은 깜짝 놀랐다.

문재인은 사법연수원 시절, 적은 월급이었지만 경제적 자립을 할 수 있게 되었다. 김정숙 씨와 만나 7년 연애 끝에 드디어 결혼을 했다. 첫 애도 이 시절에 태어났다.

| 문재인의 결혼식 장면

　김정숙 씨는 면회를 갈 때 안개꽃을 사들고 가서 에피소드로 유명해졌던 적이 있다. 그 당시 군대 간 애인에게 처음 면회갈 때는 대개 통닭이나 떡 같이 배불리 먹을 것을 들고 갔다. 그만큼 옛날 군인들은 먹을 게 없어서 배가 고팠기 때문이다. 그런데 김정숙 씨가 들고 간 것은 통닭이나 떡이 아니라 한 아름의 안개꽃이었다.

　문재인은 물론 배고픈 군대 동료들은 무엇인가 먹을 것을 가져올 것이라고 기대를 했는데, 안개꽃을 한 다발 들고 왔으니 얼마나 황당했겠는가? 면회 올 때 가져온 안개꽃 이야기는 두 사람의 사랑이 얼마나 순수하고 예뻤는지 잘 말해준다.

문재인은 부인 김정숙 씨에게 무뚝뚝한 남편이다. 하지만 대선 출마 선언을 마친 날만큼은 달랐다. 몰래 편지를 써 온 그는 무대에서 아내에게 직접 읽어 줬다.

"내가 그냥 평범한 남편으로 곁에 있어 주기를 바랐던 당신의 소박한 소망을 지켜 주지 못하게 됐다. 이제 힘든 여정이 우리를 기다릴 것이지만, 결심한 이상 다 견뎌 낼 자신이 있고 이길 자신이 있다."

전쟁통에 피난민의 아들로 태어난 문재인은 지금 한 가정의 남편과 아버지라는 자리를 넘어서 유력 대통령 후보로 도전장을 냈다.

 원칙의 힘으로 시대를 열어가는 문재인 리더십

11 자녀의 의사를 존중하는 아버지

문재인은 슬하에 1남 1녀를 두고 있다. 아들에겐 엄하지만 딸에 겐 무척 자상한 것으로 알려져 있다.

아들 준용 씨는 건국대학교 시각디자인과를 졸업해 미국 파슨스 디자인스쿨에서 석사학위를 받았고, 광주비엔날레에 '마쿠로쿠로 스케 테이블' 이란 작품을 출품했다. 아들 준용은 아버지의 출마 선 언식에 참석하는 등 아버지를 돕는 데 적극적이다.

그러나 딸 다혜 씨는 준용 씨와 달리 언론 노출을 꺼리고 있다. 다혜 씨는 2010년에 아들을 출산했고, 현재 남편과 아버지의 경남 양산 집에 내려가 살고 있다. 다혜 씨 남편은 미국 로스쿨 진학을 위해서 준비 중인 것으로 알려졌다.

문재인이 현재 살고 있는 서울 구기동 30평대 빌라는 딸 다혜 씨 집이다.

다혜 씨는 아버지의 대선 출마를 반대하며 아버지의 정치적인 행사에 참석하지 않고 있다. 하지만 문재인은 그런 딸의 생각까지 모두 이해하는 넓은 마음을 보였다.

딸의 정치 활동을 거절하는 것에 대해서 다음과 같이 말했다.

"제 딸이기도 하지만 결혼해 남편도 있고 자식도 있는데 마땅히 그 뜻이 존중돼야 한다."

그리고 기자들에게 "우리 딸을 찾지 마시고 사생활을 보호해 줬으면 좋겠다."라는 당부도 잊지 않았다. 역시 자상한 아버지였다.

문재인은 시험공부 한다고 밤새우는 딸 옆에서 함께 밤을 새웠을 정도로 자상한 아빠였다. 아이들에게 엄격하게 훈육하는 것이 아버지 역할인데 문재인은 한 번도 그런 적이 없었다. 문재인은 아이들에게 자유와 방임을 주면서 아이들을 끝까지 믿어주고 있다.

문재인 후보는 자녀들에게 시간이 날 때마다 다음과 같은 말을 자주 해주고 있다.

- 사랑한다.
- 믿는다.
- 자랑스럽다.
- 더불어 잘 살아라.

• 손해를 볼지언정 남한테 해를 끼치지 마라.

• 자유에는 책임이 따른다.

| 행복한 가족

02

운명이 시작되다

운명이 시작되다

문재인에게 있어서 운명의 시작은 노무현을 만나기 시작하면서이다. 문재인은 한국이 가장 혼란스러운 시절에 노무현 변호사를 만나게 된다. 노무현과의 만남은 온갖 우연과 필연이 뒤엉켜, 운명적으로 이루어졌던 것이다.

부산에서 노무현이라는 사람을 만났을 때 문재인은 처음부터 동지의식을 느껴 함께 할 수 있었다.

노무현은 문재인보다도 나이가 많았지만 이미 그의 인품을 알고 있었기에, 사법연수원을 수료한 후 바로 변호사의 길을 걷게 된 문재인에게 함께 길을 가자고 제안하였다.

그래서 문재인은 노무현의 굴곡진 행로를 낱낱이 지켜본 사람이다. 국회의원 노무현을 지켜봤고, 대통령 노무현을 보필했으며, 그리고 마지막 가는 길도 함께 했다.

문재인의 삶과 가치관의 한가운데에는 운명적으로 만난 노무현 전前 대통령이 자리하고 있다.

고 노무현 전 대통령의 친구 문재인이 아니라, 문재인의 친구 노무현이라고 했다. 지금도 문재인은 '노무현 그림자'라는 별명을 가장 좋아한다고 말한다. 노무현은 문재인에게 가장 큰 영향을 준 멘토이자 인생 선배였고, 누구보다도 힘든 시절을 겪은 동지였고, 그만큼 낮은 곳을 돌볼 줄 아는 따뜻한 눈을 갖춘 친구이기도 했다.

이제 문재인은 그의 그림자를 넘어 새로이 출발하려고 한다.

문재인은 마침내 정치의 길을 들어섰다. 끝내 피하고 싶었던 그 길을 걷기 시작했다. 책임감과 사명감, 그리고 시대정신 때문이다.

문재인은 힘없는 사람들에게 끝없이 희생을 강요하는 낡은 경제와 낡은 정치를 바꾸려 한다. 문재인은 힘없는 사람에게 관대하고 힘 있는 사람에게 엄격한, 진실로 겸허한 대통령이 되려는 꿈을 가지고 있다.

01 변호사가 되다

문재인의 사법시험 합격은 몇 가지 우여곡절을 겪은 끝에 왔다. 갑작스레 돌아가신 아버지를 위해 그의 사후에라도 성공하는 모습을 보여주고 싶다는 결심에서 49재*를 치르고 전라남도 해남 대흥사로 들어간 후 지독하게 공부에 집중했다. 하지만 그가 그곳에 머문 시간은 길지 않았다. 사찰의 사정에 의해 이곳저곳을 떠돌며 고시 공부를 계속한 문재인은 1979년 사법시험 1차에 합격했다.

2차 시험을 준비하던 중이던 1979년 10월, 부산과 마산에서 유신 독재에 반대하는 부마항쟁*과, 그로 인해서 박정희 대통령이 김재규 중앙정보부장의 총에 사망하는 10·26 사태*를 경험하게 된다.

---

* 49재 : 사람이 죽은 뒤 49일째에 치르는 불교식 제사의례로 다음 세상에서 좋은 곳에 사람으로 태어나기를 비는 제례의식이다.

그 이듬해 5월까지 문재인은 소위 '서울의 봄*'이 일으키는 소용돌이의 한가운데 서 있었다. 그 와중에서도 시간을 내어 2차 시험을 보긴 했지만 준비가 워낙 소홀했던 터라 경험이나 쌓자는 심정으로 치른 시험이었다. 따라서 전혀 기대하지 않았다.

사법시험 결과를 기다리던 그는 전두환 군부를 막아내기 위해 다시 민주화 투쟁에 앞장섰다. 그리고 다시 체포되어서 유치장에 갇히게 된다. 유치장에 갇혀 있을 무렵에는 합격자 발표가 있다는 사실조차 까마득히 잊고 있었다.

뜻밖의 낭보를 들고 면회 온 사람은 아내가 된 김정숙 씨였다.

"사법시험에 최종 합격했어요."

문재인은 뜻밖의 합격 소식을 듣고 기뻐서 어쩔 줄 몰랐다.

---

* 부마항쟁 : 1979년 10월, 부산 및 마산 지역을 중심으로 벌어진 박정희 대통령의 유신독재에 반대한 시위 사건으로 부산시와 마산시의 첫 글자를 따서 '부마사태'라고 불리고 있다. 박정희 정권은 경찰력으로는 도저히 사태를 진압할 수 없다고 판단하여, 18일 새벽 0시를 기해 부산 일원에 비상계엄을 선포하고 공수단 병력을 투입하여 시위 군중을 해산하였다.

* 10·26 사태 : 1979년 10월 26일 저녁 7시 40분경, 서울 종로구 궁정동 중앙정보부 안가(安家)에서 중앙정보부 김재규(金載圭) 부장이 박정희 대통령을 시해한 사건.

* 서울의 봄 : 1980년 전국 곳곳에서 민주화를 요구하는 시위가 벌어졌다. 이러한 사회적 상황을 1968년 체코슬로바키아에서 있었던 민주화 운동을 지칭하는 '프라하의 봄'에 비유하여 '서울의 봄'이라 불렀다.

조금 후 경희대 학생처장과 법대 동창회장이 유치장으로 면회를 왔다.

"사시 합격을 진심으로 축하하네."

경찰서장은 당황했다. 피의자 신분인 범죄인이 사법고시에 합격했으니 석방을 시킬 수도 없었고, 면회를 못하게 할 수도 없었다. 경찰서장은 궁리 끝에 말했다.

"문재인을 유치장 밖으로 내보낼 수 없으니 면회 온 분들이 유치장 안으로 들어가 축하할 수 있도록 해주겠습니다."

그리하여 유치장 안에서 조촐한 소주 파티를 벌였다. 이런 일은 경찰 역사상 전무후무한 일이였다.

며칠 후 문재인은 석방되었다.

3차 면접을 앞두고 안기부 요원으로부터 '인터뷰' 요청이 있었다. 안기부 요원이 이렇게 물었다.

"지금도 예전 데모할 때와 생각이 변함없느냐?"

일종의 사상 검증인 셈이었다. 문재인은 대답하기 곤혹스러웠다.

안기부 요원이 원하는 대답이 무엇인지 알고 있었다. 생각이 바뀌었다는 것과 더는 데모를 하지 않겠다는 대답이었다.

문재인은 머릿속에 온갖 생각이 스쳐 갔지만 결코 자존심을 굽히기는 싫었다.

"그때 생각이 옳았다고 생각한다. 지금도 난 그 생각에 변함이 없다."고 소신 있게 대답했다.

그리고는 최종 발표가 있을 때까지, 그렇게 대답한 것을 후회한 적도 있었다. 다행히도 결과는 최종 합격이었다.

연수원 시절은 평범하게 보냈지만 사법연수원을 차석으로 졸업하였다. 문재인은 검사가 되어 남을 처벌하는 일은 자신의 성격에는 맞지 않게 느껴져 판사를 지망했다. 그런데 시위를 했던 경력 때문에 임용되지 않았다. 결국 어쩔 수 없이 변호사의 길로 들어서게 되었다.

| 변호사 사무실을 찾은 어머니

　　문재인은 사법시험에 최종 합격하기 위해서 열심히 노력했지만 안기부 요원과의 면담에서 인간적은 고뇌를 느꼈다. 다시는 데모를 하지 않기를 바라는 안기부 요원의 인터뷰에 대해서 자신의 생각이 옳았다고 단호하게 소신을 밝혔다.

　　문재인도 사람이기에 안기부 요원이 원하는 대답을 하고 싶다는 유혹도 없지 않았지만, 자신과 동지들을 배반하는 대답을 하지 않았다. 이는 문재인이 자신의 소신을 지키기 위해서는 어떤 것도 중요하지 않다는 것을 의미한다. 이 사례는 향후 그의 리더십이 어떤 방향으로 나아갈 것인가를 예측하게 해준다.

　　문재인은 어쩔 수 없이 변호사의 길을 걸어야 했다. 그는 거기서 평생의 동지이자 존경하는 노무현 변호사을 만난다. 문재인은 판사 임용을 받지 못했지만 운명처럼 노무현을 만난 것을 행운으로 생각하였다.

02 노무현을 만나다

　판사 임용을 희망하였으나 시위에 참여한 경력으로 인해 무산되자 문재인은 변호사의 길을 걷기로 작정하였다. 변호사를 하기 위해서 어디로 갈까를 고민하다가 어머니도 모실 겸 어머니가 있는 부산행을 결심했다.

　당시 음대를 졸업하고 서울시립합창단원 생활을 하던 아내한테는 몹시 미안한 일이었지만, 부산에 같이 가 줄 것을 부탁했다. 아내가 흔쾌히 동의해 주었다.

　부산에 내려가자 사시 동기인 박정규로부터 연락이 왔다. 노무현 변호사를 소개해 주겠다는 것이었다.

　박정규는 옛날 김해 장유암에서 노무현 변호사와 고시 공부를 함께 했던 인연이 있었다. 그는 먼저 고시에 붙어 판사를 마치고 부산에서 변호사로 활동하던 노무현 변호사로부터 "같이 일하자."는 제 안을 받았었다. 노무현은 연수원을 마치고 합류할 박정규를 위해 자신의 사무실에 방과 책상까지 마련해 놓았다. 그런데 박정규는 함께 일하기로 약속되어 있었으나 갑자기 검사로 임용되는 바람에 문재인을 대신 소개한 것이었다.

1982년, 부산에서 당시 노무현 변호사와 운명적인 만남을 가졌다.

처음 만난 노무현의 첫인상은 매우 소탈하고 격의가 없었다. 문 재인은 처음 만났지만 동질감이 강하게 느껴졌다. 둘은 곧바로 의 기투합하여 당일로 같이 일하기로 결정해버렸다. 하지만 말이 동업 이지 문재인은 달랑 몸만 들어가면 될 정도로 모든 것이 준비된 상 태였다. 덕분에 문재인은 아무런 어려움 없이 변호사 생활을 시작 할 수 있었다.

두 변호사는 부산에서 처음 만나자마자 그날로 합동법률사무소 를 시작하였다. 마음이 통하고 인생이 통했다. 노무현은 말했다.

"우리 함께 깨끗한 변호사가 되어 보자."

노무현은 당시의 관행처럼 되어 있던 사건을 소개하면 돈을 주던 알선 브로커를 단칼에 끊어버렸다. 그리고 판검사에 대한 접대도 더 는 하지 않고 오직 실력으로 변호하였다. 당연히 수입이 줄긴 했지만, 사무실을 운영하는 데 어려움을 겪을 정도는 아니었다. 문재인은 애초부터 근검절약하는 습관이 있었기 때문에 어려운 줄 몰랐다.

두 사람은 사상공단 여공들의 인권보호를 위해 무료 변론을 하는 등 인권변호사의 길을 나란히 걸었다. 이런 일련의 조치들로 자연히 주변의 법조인들로부터 주목을 받게 되었다.

| 합동사무실에서 노무현과 야유회 갈 때

둘은 서로를 신뢰했고 인간적으로도 매우 가까워졌다. 노무현은 문재인보다 나이가 많았지만 말을 낮추지 않았다. 문재인을 최대한 인격적으로 존중하여 주었다. 문재인도 웬만하면 형님 소리를 잘하는 편인데 그러질 못했다.

두 사람은 변호사 노무현이 1988년 국회의원에 당선되기 전까지 노동 인권변호사로 함께 일했다. 그러다가 마침내 2002년, 노무현이 대통령에 당선되면서 청와대로 함께 가게 되었다.

03 인권변호사의 길을 걷게 된 부림사건

1981년 9월, 부산에서 벌어진 '학림 사건'이라는 의미에서 붙여진 '부림사건'이 발생하였다. 노무현과 문재인이 이 사건의 변호를 맡으면서 인권변호사의 길을 걷게 된 유명한 사건이다.

학림사건學林事件은 군사 쿠데타로 실권을 장악한 전두환 등 신군부 세력이 1981년 민주화 세력을 탄압하기 위해 학생운동 단체 등을 반국가 단체로 몰아 처벌한 사건이다. 부림사건은 부산에서 일어난 학림사건으로 부산 지역 사상 최대의 용공 조작 사건이다.

부림사건은 1981년 9월, 부산지검 공안검사의 지휘하에 부산 지역의 양서협동조합을 통하여 사회과학 독서 모임을 하던 학생·교사·회사원 등 20여 명이 영장 없이 체포되었다. 이들은 짧게는 20일에서 길게는 63일 동안 불법으로 감금되어 구타는 물론 '물 고문'과

‘통닭구이 고문’ 등 살인적 고문을 받았다. 이들 중에는 재판을 받으러 법원에 와서 처음 대면하였을 정도로 무관한 사람들도 있었다.

그러나 모진 고문 때문에 독서 모임이나 몇몇이 다방에 앉아서 나눈 이야기들이 정부 전복을 꾀하는 반국가 단체의 ‘이적 표현물 학습’과 ‘반국가 단체 찬양 및 고무’로 날조되었다. 이들에게 국가보안법 · 계엄법 · 집시법_{집회 및 시위에 관한 법률} 위반 혐의를 적용하여 5~7년의 중형을 선고하였다.

문재인은 부림사건을 접하면서 서슬 퍼런 전두환 시절이었지만 조작된 용공 사건을 그의 성품상 결코 외면할 수 없었다. 문재인은 오히려 죄없이 부당한 대우를 받는 피의자들의 인권을 위해서 마땅히 해야 할 일이라 생각하며 변호를 담당했다.

문재인은 자신이 유신 시절을 체험하면서 긴급조치가 법보다 우선하여 정치적으로 반대되는 세력에게 가해지는 비인간적인 폭력을 경험하였기에 참을 수가 없었다. 더욱이 함께 모여 책을 읽은 것만으로 북한과 공산주의를 찬양하고 고무한다는 죄목으로 또 다른 폭력이 가해지는 것을 두고 볼 수 없었다.

실제로 해당 사건에 연루된 그들이 읽은 서적들은 공산주의와 거리가 먼 서적들이었다. 또한, 집회 결사 표현의 자유가 보장되는 헌법과 유신 시절의 긴급조치가 변형되어 만들어진 국가보안법 7호의

 원칙의 힘으로 시대를 열어가는 문재인 리더십

충돌에서 집권 세력이 임의적으로 선택한 것이 위헌이라는 사실을 발견하고 변론을 하였다.

결국 옥고를 치르던 이들은 1983년 12월, 전원 형 집행 정지로 풀려났으며, 이후 부산 지역 민주화운동의 중심에서 활동하였다. 부산 지역 사상 최대의 용공 조작 사건으로 꼽히는 이 사건은 이후 민주화운동으로 인정을 받았다.

부림사건 이후 문재인의 친구 노무현은 조세 전문 변호사에서 인권변호사로 인생의 방향이 바뀌었다. 학생운동 시절부터 인권을 중요하게 여겨온 문재인은, 연설로써 청중을 감동시킬 수 있는 재능을 가진 노무현을 지원하기 시작하였다.

부림사건을 통해 문재인은 주변에서 사회의 부조리에 스러져 억울함을 가슴으로 삭혀야만 했을 사람들을 위해 온몸으로 부딪히며 전력을 기울였다.

04 6월 항쟁, 노무현과 함께 하다

1987년 부산은 박종철 열사 고문치사 사건*으로 새해의 시작부터 시끄러웠다. 박종철은 부산 출신으로 서울대학교를 다니다 치안본부 남영동 대공분실로 끌려가 조사를 받던 중 경찰의 고문으로 사망하였다.

박종철이 부산 사람이었기 때문에 추모 열기는 그 어느 지역보다 뜨거웠다. 당시 노무현 변호사를 중심으로 한 부산민주시민협의회부민협가 부산극장 앞에서 개최한 추도식은 대규모 거리시위로 이어졌다. 부산시내는 온통 시위대로 가득찼고, 시민의 뜨거운 열기로

* 박종철 열사 고문치사 사건 : 전두환 정권 말기인 1987년 1월 14일, 경찰은 서울대학교 언어학과 학생 박종철을 불법 체포하여 고문하다가 사망케 했다. 이 사건은 공안 당국의 조직적인 은폐 시도에도 그 진상이 폭로되어 1987년 6월 항쟁의 주요한 계기가 되었다.

가득 찼다.

검찰은 시위를 주도한 노무현 변호사를 잡아넣기 위해 이미 기각된 구속영장을 들고 판사의 집을 전전하며 하룻밤 사이에 무려 네 번이나 구속영장을 재청구하는 탈법을 저질렀다. 이 일이 모든 매스컴에 크게 보도되자 노무현 변호사는 일약 전국적으로 유명인사가 되어버렸다.

국민들의 민주화를 원하는 열기는 점차 그 강도를 높여가며 6월 항쟁*을 향해서 모였다. 문재인은 노무현 변호사와 함께 부산 변호사 사회에서는 전무후무한 '호헌 철폐와 직선제를 요구하는 부산 변호사 시국선언'을 이끌어내기도 하고 연일 거리시위의 선두에 서 있었다.

5월부터는 부산민주시민협의회를 모태로 한 민주헌법쟁취국민운동본부가 결성되어 노무현 변호사가 상임집행위원장, 문재인은 상임집행위원이 되어 본격적으로 6월 항쟁에 뛰어들었다.

같은 시기에 서울의 명동성당에서는 농성이 해산되었지만, 오히

---

* 6월 항쟁 : 6월 항쟁은 1979년 12·12사태로 정권을 잡은 전두환 군사정권의 장기 집권을 저지하기 위해 일어난 범국민적 민주화운동이다. 1987년 1월, 서울대생 박종철 군이 치안본부 대공수사단에 연행돼 조사받던 중 사망하는 사건이 일어나자 이에 대한 거리시위가 전국적으로 일어나게 되었다.

려 부산에서는 가톨릭센터에서 농성을 더욱 강력하게 이끌어갔다. 부산은 국민들의 군부 독재를 끝내겠다는 구심점 역할을 톡톡히 해냈다. 이런 투쟁 끝에 결국 군부 독재 정권의 항복 선언인 '6·29 선언'*이 발표되었다.

6월 항쟁은 우리나라 민주화운동 역사상 가장 위대한 시민 민주 항쟁이었다. 직선제 개헌이라는 명확한 목표를 달성하기 위하여 민주헌법쟁취국민운동본부라는 연대 투쟁 기구가 결성되어, 시종일관 계획적이고 조직적으로 투쟁했기 때문이다. 이러한 부산민주헌법쟁취국민운동본부의 중심에 노무현 변호사가 있었다.

전두환 독재정권에 대항하여 노무현 변호사만큼 치열하게 투쟁한 이가 없었다. 문재인은 그런 노무현과 함께 있었던 것은 큰 보람이었다. 노무현 변호사가 유명해지면서 사건이 많아지다 보니, 자연스럽게 문재인 변호사도 학생 사건이나 시국 사건을 맡는 횟수가 늘었다. 그는 밀려들어 오는 소송 요청에 눈코 뜰 새 없이 바쁜

---

* 6·29 선언 : 1987년 6월 29일, 민주정의당(민정당) 대표 노태우가 국민들의 민주화와 직선제 개헌 요구를 받아들여 발표한 특별선언으로 주요 내용은 ① 대통령 직선제 개헌을 통한 1988년 2월 평화적 정권 이양, ② 대통령 선거법 개정을 통한 공정한 경쟁 보장, ③ 김대중의 사면·복권과 시국 관련 사범들의 석방, ④ 인간 존엄성 존중 및 기본 인권 신장, ⑤ 자유 언론의 창달, ⑥ 지방자치 및 교육자치 실시, ⑦ 정당의 건전한 활동 보장, ⑧ 과감한 사회 정화 조치의 단행 등이다.

| 1987년 6월 27일, 부산 범일동 성당에서 민주항쟁을 하는 노무현 변호사와
문재인 변호사의 모습

나날을 보냈다. 이때가 '변호사 문재인'의 전성기였다.

처음부터 작정한 것은 아니었지만 유명해지다 보니 자연스럽게 각종 인권, 시국, 노동 사건을 맡게 되었고, 그러다 보니 자연스레 인권변호사의 길을 걷게 되었다. 나중에는 노무현·문재인 합동사무소는 부산·경남·울산의 노동 인권 사건의 센터처럼 변해버렸다. 재야운동에도 자연히 깊숙이 발을 들여놓게 되었다.

TIP

1980년대는 우리나라의 민주 정치에서 암흑기와 같은 시기였다. 전두환을 중심으로 하는 군부 독재에 대항하는 민주 세력에 대해서는 초헌법적인 억압과 탄압을 일삼았기 때문에 두려움과 공포가 지배하는 사회이기도 했다.

당시 많은 사람들은 탄압이 두려워 자신을 숨기거나 변절하였다. 그러나 노무현은 두려움을 무릅쓰고 오직 민주주의 정착을 위해서 열정을 불살랐다. 문재인은 노무현과 같이 뜨거운 항쟁을 진행하면서 노무현에 대해서 더욱 신뢰하게 되었고, 동지가 되었다.

 원칙의 힘으로 시대를 열어가는 문재인 리더십

　　노무현은 한 치의 두려움 없이 치열하게 인생을 살면서 옳다

고 생각하면 그대로 실천에 옮겼다. 문재인은 노무현의 대의를

위한 실천에 한계를 두지 않고 전력을 다하는 모습에서 깊은 인

상을 받았다. 문재인은 노무현을 통해 많은 것을 배우게 되었다.

05 노무현을 국회로 보내다

1987년 6월 항쟁은 6·29 선언으로 승리의 기쁨을 누릴 새도 없이 7~8월부터는 노동자들의 대투쟁이 시작되었다. 6월 항쟁의 과정을 통해 고양된 민주화 열기는 6·29 선언 이후 노동자들의 생존권 확보 및 조직 결성 움직임으로 나타났다.

1987년 7월 5일, 노조 불모지대였던 현대그룹에서 현대엔진이 노조 결성에 성공하였다. 그리고 영남권으로 투쟁이 확산되어 마산·창원의 대공장을 휩쓸면서 4만여 명이 참여한 울산 현대그룹 노조 연합 시위에서 절정을 이루었다. 이후 부산으로 확산된 파업 투쟁은 옥포 대우조선 노동자들의 거리시위로 이어졌고, 점차 수도권으로 확산되었다.

수많은 노동자가 구속되거나 해고되었다. 당시 노무현 변호사는 사실상 변호사 업무에서 손을 놓고 현장을 누비며 노동자들을 대변하였다. 결국 사건 변론은 모두 문재인 변호사가 해결해야 했다.

그러다 결국 노무현 변호사는 대우조선 사건으로 구속되었다. 부산 지역 변호사 120명 중에서 기꺼이 선임계를 낸 91명을 포함, 99명이나 되는 대규모 공동 변호인단을 구성하여 재판에 임한 끝에 노무현은 구속적부심으로 석방되었다. 하지만 변호사 업무는 결국 정지되고 말았다.

1988년 4월, 13대 총선을 앞두고 당시 김영삼 통일민주당 총재가 노무현에게 국회의원으로 출마해 줄 것을 제안하였다. 노무현은 스스로 결정하지 않고 부산 지역 민주화운동권에게 자신이 나가야 하는지 말아야 할지를 먼저 논의해 달라고 요청했다. 문재인은 그의 정치권 진출을 찬성했고, 부산 지역 민주인사들도 대체적으로 찬성이었다. 노무현은 결단을 내려서 정치권에 발을 들여 놓기로 결심하였다.

노무현이 정치권에 발을 들여 놓는 것은 개인적 이익을 위해서가 아니라 부산 민주화운동권을 대표해서 파견되어 간다는 인식을 갖고 있었기 때문이다.

노무현은 지역구를 선택할 때, 자신이 오랫동안 살았던 부산 남구를 포기하고 연고도 없는 부산 동구를 고집했다. 이유는 부산 동구에 신군부의 5공 핵심 인물이었던 허삼수 씨가 후보로 출마한다는 사실 때문이었다. 노무현은 허삼수를 꺾어서 5공을 심판하겠다는 생각이었다. 노무현은 자기의 소신대로 출마하였다. 결국 선거에서 승리하여 국회의원으로 정치에 입문하였다. 노무현이 선거 운동할 당시에 선거 구호가 '사람 사는 세상'이었다.

'사람 사는 세상'이라는 구호는 이후로도 오래동안 사용되었다. 심지어는 노무현 대통령이 퇴임한 뒤에도 즐겨 쓰는 구호가 되었다. 그만큼 '사람 사는 세상'은 쉽게 오지 않았다. 같은 해 제5공화국 비리조사특별위원회 위원으로 활동하면서 정연한 논리와 날카로운

| 노무현의 국회의원 선거 운동 당시 사진

　원칙의 힘으로 시대를 열어가는 문재인 리더십

질문으로 증인들을 추궁하여 유명해졌다.

청문회는 전두환 시절의 비리나 5공의 암흑 정치에 대한 내용이 있는데, 당시 전두환을 비롯한 5공 주요 인사들이 청문회에 나와서 책임을 회피하며 막무가내로 나왔다. 분통이 터진 노무현은 상당히 감정이 격해져서 한때 권력의 실세였던 전두환이나 허삼수, 허화평, 장세동 앞에서 날카로운 질문들을 계속 던지면서 증인들을 쩔쩔매게 하였다.

청문회가 TV로 생중계가 되면서 그런 장면들이 모두 방송되었고, 국민은 노무현의 예리한 질문으로 후련함을 느끼게 되었다, 자연스럽게 노무현이라는 이름이 국민에게 각인되었다. 노무현은 정치 신인에서 일약 비중 있는 '청문회 스타'로 떠올랐다.

06 노무현의 아픔을 지켜보다

　문재인은 정치인으로서의 노무현의 기쁨과 아픔을 낱낱이 지켜본 사람이다. 노무현은 1990년 통일민주당·민주정의당·신민주공화당의 '3당 합당'에 대하여 '부도덕한 야합'이라고 비난하며 정치적 후원자였던 김영삼과 결별하고 새롭게 김대중을 중심으로 한 민주당 창당에 동참하였다.

　1991년 통합민주당 대변인으로 활동하였으며, 1992년 제14대 국회의원 총선거에 정치 1번지였던 서울 종로구에 출마하였으나 법정 선거비용보다 돈을 더 많이 쓴 이명박 후보에게 져 낙선하였다. 그 뒤 제14대 대통령 선거 민주당 청년특위 위원장, 물결유세단 단장을 거쳐 1993년 통합민주당 최연소 최고위원이 되었다.

　1997년 새정치국민회의 부총재를 역임하고, 1998년 이명박 의원의 당선 무효 판결에 의해 서울 종로구 국회의원 보궐선거에 출마하여 쟁쟁한 후보들을 물리치고 당선되었다.

2000년 제15대 국회의원 선거에서는 당선 가능성이 높은 자신의 지역구인 종로 지역구를 포기한 채 민주당 후보로서 한나라당의 텃밭인 부산에서 새천년민주당 후보로 출마하였으나 한나라당 후보에게 패배하였다.

이처럼 노무현은 불의와 타협하지 않았다. 자신의 이익을 앞세우지 않고 실패를 두려워하지 않고 도전하였다. 많은 국민은 그의 선택을 두고 '바보 노무현', '노짱'이라는 별칭으로 불렀다. 그뿐만 아니라 '노무현을 사랑하는 사람들의 모임약칭 노사모'이라는 한국 최초의 정치인 팬클럽이 결성되었고, 이는 향후 그의 정치적 행보에 큰 디딤돌이 되었다.

문재인은 동료로서 편안한 삶을 버리고 험난한 길을 억지로 가는 노무현이 바보 같아 보였다. 그래서 정치를 당분간 접고 변호사로 돌아올 것을 권유한 적도 있었지만, 일단 정치에 발을 담근 그는 쉽게 빠져나오지 못했다. 정치를 딱 한 번 그만둘 기회가 있었는데, 서울 종로 지역구를 버리고 부산 강서에 출마했을 때였다. 본인 스스로도 이번에 떨어지면 정치 그만두겠다고 했다. 그는 떨어졌다. 하지만 지역 구도에 온몸으로, 줄기차게 맞서는 그의 모습에 감동한

국민이 움직이기 시작했다.

전국적인 지지가 몰려들었고 이 힘이 근거가 되어 결국 대통령까지 될 수 있었다. 하지만 대통령이 되어 비극적으로 유명幽明을 달리 하고 보니, 문재인은 그때 더 말리지 못한 것이 후회가 되기도 하였다.

TIP

노무현 변호사가 초선 의원으로 5공 청문회의에서 맹활약을 보이는 등 정치인으로 성장해 갈 때 문재인은 부산에 혼자 남아 묵묵히 노동 관련 사건 변호에 매달렸다. 이후 노무현은 국회위원으로, 문재인은 부산을 지키는 노동 인권변호사로 조금 떨어져서 걷게 되었다.

하지만 두 사람은 여전히 한 방향을 향해 걸었다. 문재인은 자신이 잘할 수 있는 일로 남을 도울 수 있다는 사실에 늘 행복해하였다.

1995년 법무법인 부산을 설립했고, 문재인은 주로 노동운동이나 노조 활동을 지원하는 단체 쪽 일에 집중했다. 일이 너무 많아 힘들었지만 문재인의 삶에서 가장 보람되고 안정된 시기였다.

 원칙의 힘으로 시대를 열어가는 문재인 리더십

문재인은 이때가 개인적인 삶과 세상을 향한 의무감이 나름대로

균형을 잘 유지하고 있다는 느낌을 받았다고 한다.

이때 관여했거나 함께 만든 단체로는 부산노동문제연구소, 부

산노동단체협의회, 노동자를 위한 연대 등이 있다.

07 페스카마호 사건을 변론하다

문재인은 인권변호사라고 해서 무조건 노동자의 편에서만 변호한 것은 아니었다. 문재인의 성품을 알 수 있는 사건 중 하나는 '페스카마호 사건'의 변호였다. 이 사건을 통해서 문재인이 내성적이지만 남의 이목을 받는 것을 두려워하는 성격은 아니라는 것을 알 수 있다.

페스카마호 사건은 문민정부가 들어선 후 IMF가 터지기 전 1996년에 남태평양 참치잡이 조업에 나간 원양어선에서 벌어진 선상 살인 사건이다. 근로자로 승선한 조선족 선원들이 한국인 선원 7명을 포함해 11명을 살해한 충격적인 사건이었다.

이들은 선장과 한국인 선원들의 끊임없는 하선 협박과 폭행, 인간이하의 취급에 항의해 이와 같은 사건을 저지르고 일본으로 밀항을 시도하다 살아남은 선원들의 '반란 제압'으로 모두 체포되었다.

조선족들은 '코리안 드림'을 찾아 한국에 왔다가 상급자들로부터 가혹 행위와 폭행 등을 당한 데 앙심을 품고 범행을 저질렀다. 우리 국민을 잔인하게 살해한 조선족의 변호를 맡는다는 것은 쉬운 일이 아니었다.

그들은 제대로 된 변론을 받지 못했고, 결국 피의자 전원이 1심에서 사형선고를 받았다. 그러나 경제적 여력이 안 돼 국선변호인이 선임되는 등 그들이 제대로 된 변호를 받지 못했다는 여론 때문에 중국의 조선족 동포 사회가 술렁거렸다.

당시 문재인 변호사가 부산변호사회 인권위원장이자 민주사회를 위한 변호사 모임 부산·경남 대표를 지내는 등 인권변호사로 일했기 때문에 조선족 사회의 부탁으로 변론을 맡았다.

재판에서 변호인단은 이들이 어부로서의 경험이 없어 일이 서툴렀고 당시 일반화돼 있던 선상 폭력이 평등주의가 강한 중국의 사회주의 문화와 달라 멸시와 모욕으로 받아들이면서 사건이 우발적으로 발생했다고 변론했다. 그러나 재판 과정에서 이 부분을 주장했지만 재판부는 이들의 주장을 받아들이지 않았다.

다음 해 4월, 2심에서 1명은 사형, 5명은 무기징역을 선고받았다.

이들은 그해 7월, 법원의 상고심 기각으로 형이 확정돼 사형수와 무기수로 나뉘어 전국 각지의 교도소로 흩어져 수감되었다.

법정에서 사형이 확정됐지만 우리나라가 10년 넘게 실질적으로 사형을 집행하지 않아 사형수는 2008년 특별감형으로 무기징역을 살게 돼 결과적으로 변론이 결실을 보게 되었다. 문재인은 재판 이후에도 이들을 돕는 데 앞장섰다. 죄는 무겁지만, 사정이 딱하고 그들을 도와줄 사람이나 가족도 없었기 때문에 부산의 인권 단체들이 나서 영치금도 넣어주고 중국에 있는 가족을 초청해 교도소에서 만날 수 있게 해주었다.

| 페스카마 15호

지금도 외국인을 배척하는 상황이 많이 일어나지만 1996년 당시에는 비일비재한 일이었다. 그렇기에 페스카마호 사건에 대한 문재인의 변론은 당시 한국인이라는 민족주의 입장에서는 중죄를 지은 외국인을 변론했다는 이유만으로 공격을 받아야 했다. 그러나 문재인은 인간이 극한의 폭력 상황에 몰리게 되어 저지르게 된 선상에서의 처참한 살인 사건에 대하여 그의 인생을 걸고 실천해 온 인간의 고귀함, 그것을 결코 외면하지 않았다.

TIP

조선족, 외국인이라는 인종 차별이 만연한 사회에서 한국인을 살해한 외국인에 대한 변론은 그 누구도 쉽사리 나서질 못했을 것이다. 그러나 문재인은 자신이 걸어온 삶에서 정한 소신대로 주어진 일들을 해나갔다. 누구를 의식하거나 후환을 두려워하기보다는 사람의 고귀함을 위해 그의 삶 전체를 걸고 매진했다. 이것이 사람들이 문재인을 존경하고, 선택하고, 지지하는 이유가 될 것이다.

08 민정수석이 되다

노무현은 15대 국회의원 선거에서 낙선 후 2000년 8월부터 2001년 4월까지 김대중 정부에서 해양수산부 장관을 지냈다. 2002년 새천년민주당 상임고문과 최고위원을 거쳐 2002년 초 국민경선제를 통하여 새천년민주당의 제16대 대통령 후보로 선출되었고, 2002년 11월 18일에는 국민통합 21의 대통령 후보인 정몽준과 후보 단일화에 합의한 뒤, 국민 여론조사를 거쳐 단일 후보가 되었다.

이후 노무현은 '낡은 정치 청산, 새로운 대한민국 건설, 행정수도의 충청권 이전' 등을 공약으로 내걸고 선거 운동을 펼쳐 나갔다.

2002년 대통령 선거 과정에서 문재인은 노무현 후보 부산선거대책위원회 기획단장을 맡았다.

문재인은 기획단장으로서 노무현 후보의 지지율이 떨어져 있을 때나 선거에 불리한 사건이 발생할 때도 항상 차분하고 과묵한 표정으로 상황에 대처하였다. 기획단 회의를 하면 시간을 끌지 않고 참석자의 의견을 충분히 들은 후에 특유의 카리스마로 신속히 의사 결정을 내렸다. 특히 어떤 상황에서도 화를 내거나 당황하거나 크게 기뻐하거나 하는 등의 감정의 동요를 거의 드러내지 않았다. 당시 기획단에서 같이 했던 사람들은 문재인의 리더십에 대해서 크게 감동을 받았다.

12월 19일 치러진 대통령 선거에서 노무현 후보는 48.91%를 얻어 46.59%를 얻은 한나라당 이회창 후보를 물리치고 당선되어 2003년 2월 25일 제16대 대통령에 취임하였다.

노무현은 대통령에 당선되자 문재인에게 민정수석직을 맡아 달라고 부탁하였다. 문재인은 그런 제안을 하는 의중이 무엇인지, 그 소임을 맡게 되면 그가 하려는 개혁을 어떻게 도울 수 있을까를 깊이 고민하였다.

고민하는 문재인을 보고 노무현 대통령은 말했다.

"당신들이 나를 정치로 가게 했고 대통령을 만들었으니 책임져야 할 것 아니냐."

이 말에 문재인은 대답했다.

"나는 정치를 잘 모르니 정무적 판단 능력이나 역할은 잘 못할 것 같습니다. 그러나 원리원칙을 지켜나가는 것은 할 수 있지 않겠습니까. 제가 해야 하는 역할을 그렇게 생각하신다면 저를 쓰십시오."

그리고 덧붙여서 말했다.

"민정수석으로 끝내겠습니다. 그리고 더 정치하라고 하지 마십시오."

문재인의 청와대 생활은 그렇게 시작되었다.

청와대 생활은 힘들고 고달팠다. 업무량이 한계 용량을 늘 초과하는 느낌이었다. 완벽하게 일을 처리하려는 습관 때문에 언제나 잠이 부족했다. 심지어 치과 치료를 받느라 드릴이 어금니를 긁어내고 있는 상황에서도 졸음이 쏟아졌다. 이렇게 무리를 하다 보니 민정수석 1년 만에 이를 열 개나 뽑아야 했다. 결국 문재인은 녹내장과 고혈압 등 건강 악화로 1년 만에 청와대를 떠나야 했다.

문재인은 민정수석을 그만두고 네팔 산행을 떠났다.

문재인이 떠나고 나서 2004년 초, 대통령의 선거 중립의무 위반과 측근 비리 등에 대한 야당의 사과 요구를 거절하자 야당인 한나라당과 새천년민주당이 탄핵소추안을 국회에 제출하였다. 소수 여당인 열린우리당 의원들의 반대를 저지한 채 국회 본회의에 탄핵소추안을 기습 상정하여 가결함으로써 고건 국무총리가 대통령 직무를 대행하게 되었다.

| 노무현 대통령과 함께

그러나 대한민국 헌정 사상 최초로 대통령 탄핵안이 가결되자 이를 반대하는 국민의 비난이 빗발치고 전국 각지에서 탄핵 반대 촛불 시위가 잇따랐다. 문재인은 연락이 두절된 상황에서 영어신문을 통해 노무현 대통령의 탄핵 소식을 듣고 즉시 귀국하여 변호인단을 꾸렸다.

노무현 대통령에 대한 탄핵소추는 같은 해 4월 15일 치러진 제17대 국회의원 선거에서 여당인 열린우리당이 과반이 넘는 152석을 차지하는 결과를 낳았다. 또 같은 해 5월 14일, 헌법재판소가 탄핵소추안에 대하여 기각 결정을 내림으로써 두 달 만에 대통령직에 복귀하였다.

문재인은 2005년 다시 청와대에 들어가 시민사회수석, 민정수석을 거쳐 참여정부의 마지막 비서실장을 지냈다.

　　민정수석은 국민 여론 및 민심 동향 파악, 공직·사회 기강 관련 업무 보좌, 법률 문제 보좌, 민원 업무를 처리한다. 따라서 국민과의 소통을 추구해야 하므로 열린 사람이어야 한다. 그리고 깨끗한 인물을 골라서 추천하고, 부정한 것이 티끌이라도 있어서는 안 되는 깨끗한 사람이어야 했다. 그리고 법률 문제를 보좌해야 하니 법에도 밝아야 한다. 누구도 쉽게 감당하기 어려운 자리다. 이 자리에 노무현은 문재인을 임명했다. 문재인은 권력에 관심 있기보다는 정말 노무현 대통령이 외로울까 봐 청와대로 왔다. 그리고 그는 자신이 대통령에게 누가 되지 않도록 최선을 다했다.

　　이후 문재인은 자신에게 맡겨진 일이 무엇이든 최선을 다했다. 시민사회수석, 민정수석을 거쳐 참여정부 마지막 비서실장을 지내며 노 전 대통령의 곁을 지켰다. 문재인이 청와대에서 일하는 동안 처리했던 한미 FTA, 북핵 문제, 이라크 파병, 남북 정상회담 등에 직접 간접으로 참여를 했기 때문에 세상을 보는 눈을 키울 수 있게 되었다. 그리고 그는 욕심이 없었기 때문에 청와대를 미련없이 떠날 수 있었다.

09 언제나 친절한 사람

문재인을 처음 만난 사람들은 통상적으로 두 가지 인상으로 말한다. 하나는 그의 표정은 항상 변함이 없다는 것과 친절하다는 것이다. 문재인의 사진을 보면 항상 표정은 엷게 웃거나 무표정으로 일정하다. 문재인은 아무리 다급하거나 어려운 때도 표정이 바뀌지 않았다.

정무수석으로 언론에 등장했을 때나, 노무현 대통령이 탄핵을 받았을 때도, 노무현 대통령 가족들의 여러 법적인 문제 앞에서도 그는 항상 일관된 모습으로 기자들을 대했다.

표정은 항상 일관되었지만 말하는 것이나 행동하는 것을 보면 항상 친절이 배어났다. 그래서 기자들 사이에서 문재인의 별명은 '친절맨'으로 통했다. 그는 기자들과 대화를 하거나 일을 할 때도 일관된 표정이지만 할 말은 다 하고 아낄 말은 아껴가며 노무현 대통령을 지켰다.

노무현 대통령의 이동에는 항상 수많은 기자들이 따라다녔다. 그리고 카메라에 잡힌 노대통령의 뒤에는 항상 엷게 웃거나 무표정한 문재인이 같이 있었다. 문재인은 자신을 리더형 인물이기보다는 참모형 인물에 더 맞다고 생각한 적도 있다. 그래서 앞에 나서기보다는 뒤에서 그림자처럼 항상 묵묵히 서 있는 문재인을 발견하는 것은 어렵지 않았다.

| 엷은 미소를 띄우는 문재인

그의 묵묵한 모습은 오히려 더 튀어 보였을 수도 있다. 문재인의 엷은 미소는 사람들에게 신뢰감을 준다고 한다. 문재인이 웃는 모습을 보면 보는 사람까지 기분 좋아지게 만든다고 한다. 이처럼 웃음 하나가 상대방을 편하게 할

| 고 노무현 전 대통령과 함께 하는 모습

　원칙의 힘으로 시대를 열어가는 문재인 리더십

수 있다는 것은 그만큼 살아온 이력이 신뢰감을 주기에 충분했기 때문에 가능했던 것이다.

많은 국민이 문재인에 대한 신뢰감을 갖게 되는 것은 그만이 갖고 있는 내공의 힘이 있기 때문에 가능한 것이다.

10 가장 슬펐던 날

2008년 2월 24일, 노무현은 대통령 임기를 마친 뒤 고향인 경상남도 김해시 진영읍 본산리의 봉하마을로 귀향하여 자리를 잡았다. 노무현 전 대통령은 오리 농사, 마을 청소에 참여하는 등 평범한 전원생활을 하는 한편, '사람 사는 세상'이라는 인터넷 홈페이지를 개설하여 사람들과 소소한 일상을 공유하였다.

그러나 그 평화도 잠시, 이명박 정권의 칼날이 봉하마을을 향하면서 불행이 시작되었다. 퇴임할 때 대통령 재임 시의 기록물 복사본을 가지고 귀향한 것과 관련하여 '국가 기록물 무단 유출'에 대한 수사가 시작되었으며, 검찰에 의하여 측근과 친형, 부인·딸 등이 비리에 연루되었다는 의혹이 연이어 불거지면서 청렴했던 '도덕성'에 상처를 입게 되었다.

2009년 4월 30일, 대한민국 전직 대통령으로는 세 번째로 검찰의 소환조사를 받기에 이르렀다. 문재인은 검찰이 어떻게 사건 처리를 할지 예상하면서 대응을 논의하고 있다. 문재인은 구속 가능성은 거의 없다고 예상하면서, 검찰이 체면상 기소 정도 할 것으로 판단하였다. 그러나 기소해도 법정에서 재판을 통해 충분히 무죄를 받을 수 있을 것이라고 확신을 했다. 노무현 전 대통령도 그런 대응에 대해서 적극적이었기 때문에 특별한 일이 발생하리라고는 전혀 예상하지 못했었다.

그런데 노무현 전 대통령은 2009년 5월 23일 "나로 말미암아 여러 사람이 받은 고통이 너무 크다."라는 내용의 유서를 컴퓨터에 남기고 사저 뒷산의 부엉이바위에서 투신하여 서거하였다.

문재인은 상주가 되어 장례를 치르느라 마음 놓고 울 시간도 없이 홀로 빈소를 찾아 깊숙이 고개를 숙였다. 둘도 없는 벗이었던 노무현은 세상을 떠났지만, 문재인은 아직 할 일이 많았다. 상주 역할을 해야 했다. 전 국민이 문재인의 말 한마디에 귀 기울였고, 전 국민이 문재인에게 기대어 슬픔과 분노에서 조금씩 벗어날 수 있었다.

문재인은 노무현 전 대통령을 지키지 못했지만 노무현 정신만은 지키기 위해 최선을 다하고 있다. 노무현재단의 이사장직을 맡은 것도, 민주통합당을 만들어낸 것도 자신에게 주어진 운명을 피하지 않겠다는 의지 때문이다.

운명 같은 벗을 먼저 보내야 했던 그 새벽. 울 수도 없었다. 슬퍼할 수도 주저앉을 수도 없었다. 분노는 누구나 표출할 수 있다. 그러나 분노 이후에도 책임지며 행동하기는 쉽지 않다. 그러나 문재인은 그토록 엄청난 사태가 일어났을 때, 끝까지 책임지는 사람의 모습이 어때야 하는가를 확실하게 보여줬다.

노무현 전 대통령이 서거하고 나서 문재인이 취한 행동들은 왜 노무현 대통령이 평생 그를 그토록 신뢰했는가를 바로 알 수 있는 상징적인 사건이었다.

11 양산에 둥지를 틀다

문재인은 퇴임하고 난 이후에는 세상하고 거리를 두면서 조용하게 살겠다고 생각하여 양산에 둥지를 틀었다. 양산에 둥지를 틀은 이유는 청와대 있을 때 건강이 많이 상하기도 했지만, 정신적으로도 너무 힘들었기 때문이었다.

양산으로 들어간 것도 2008년 2월 25일이 노무현 대통령 퇴임하는 날이었다. 참여정부가 끝나고 고향으로 내려오던 날, 문재인은 큰 짐을 어깨에서 내려놓는 듯한 해방감을 느꼈다고 한다. 이제 다시 정치 뉴스를 보는 일은 없을 것이라 생각했다.

문재인은 말한다.

"대통령 모시고 봉하 갔다가 귀향 행사 끝나고 밤늦게 양산에 들어갔는데, 어쨌든 그것으로 일단 공적인 사회적 활동은 더 이상 하지 않고 조용하게 살겠다고 생각을 했어요. 그 이후에 일이 뜻대로 되지 않았지요."

당시 상황을 문재인은 말한다.

"정말로 열심히 했는데 제대로 평가받지 못했고, 아주 가혹한 비난을 받았고, 결국 정권 재창출에 실패하게 됐으니 할 말 없게 됐고, 그때만 해도 여러 가지로 허망하다는 생각도 들었습니다. 그래서 세상하고 조금 거리를 두면서 쉬고 싶었어요. 세상하고 영 그만둘 순 없고 양산 정도 간 거지요."

양산에서의 전원생활에 대해서 문재인은 말했다.

"나는 좋지만 처는 서울 출신이라서 매우 힘들어 했어요. 우선 적적해하기도 하고, 불편하기도 하고, 게다가 내가 없으면 무섭기도 하고, 마당에 뱀도 있고 방 안에 지네가 들어오기도 했지요. 그러나 이제는 많이 적응이 되면서 다른 길이 없다고 체념도 하니까 요즘 많이 좋아졌네요."

문재인은 현재 대통령과의 관계라든지 참여정부에서 했던 역할 때문에 노무현재단 이사장을 맡고 있다. 문재인은 노무현재단 이사장으로서 노무현 대통령 기념 사업이 계속 발전해 나가도록 분명하게 토대를 구축하고 참여정부 5년에 대해서 뭔가 꼼꼼하게 기록하려고 노력하고 있다.

03

리더십을 가져라

리더십을 가져라

　리더십이란 원래 우리말로 지도력, 통솔력, 지휘력 등으로 번역되어 사용되고 있다. 즉 리더십은 한 개인이 다른 사람에게 목표를 향해 정진하도록 영향력을 행사하는 것을 말한다. 따라서 리더십은 오늘날 사회라는 조직 속에서 살아가기 위하여 매우 필요한 요소로 인정받고 있다.

　그런데 문제는 이 리더십은 모든 사람들에게 공평하게 주어지지 않았다는 것이다. 리더십이 있는 사람은 사회를 살아가는 데 문제가 없지만, 다른 재능이 있어도 리더십이 부족한 사람은 사회를 살아가는 것은 물론 적응하는데도 어려움을 겪는다.

　리더십은 타고난 재능이나 유전적인 영향을 받기보다는 꾸준한 노력에 의해 발전된다. 그리고 리더십은 시간이 지나면 자동적으로 얻어지는 것이 아니라, 스스로 지속적으로 성공의 동기를 부여해야 가질 수 있다.

　리더십이 후천적인 동기와 노력의 영향을 더 받는다는 것은, 노력하면 누구나 리더십을 가질 수 있다는 것이다.

문재인 또한 후천적인 노력으로 리더가 되었다. 문재인은 원래 남들 앞에 나서는 것을 꺼려했으며, 혼자 지내는 것을 좋아하는 내성적인 성격이었다. 그러나 시대적인 요구에 의해 노무현 대통령의 막강 참모로 국가를 이끌었으며, 이제 본인이 한국의 미래를 이끌려고 한다.

문재인과 같은 리더십을 가지고 싶은가? 그러면 그의 리더십을 따라서 배워보자.

01 원칙을 지켜라

성공한 사람들의 특징을 보면, 그들은 원칙을 지키며 살았다. '원칙'이란 살면서 일관되게 지켜야 하는 기본적인 규칙이나 법칙을 말한다. 원칙에 대해 구체적으로 알아보면 원칙은 '무엇이 올바른 행위인가?', '나는 어떻게 행동하고 살아야 하나?', '나는 무엇을 위해 살 것인가?', '나는 어떻게 살아야 하는가?' 등을 말한다.

원칙은 자신만의 가치관이나 인생관으로 자리 잡게 된다. 원칙을 가지게 되면 쓸데없는 것에 휩쓸리지 않고 중심을 잡고 살 수 있다. 원칙이 없이 살아온 사람에게 원칙을 정하기란 어려운 일처럼 느껴진다. 그러나 원하는 꿈을 이루기 위해서는 올바른 원칙이 있어야 한다. 문재인은 원칙을 지키는 사람으로 유명하다.

문재인은 지금까지 살면서 단 한 번도 원칙을 안 지키거나 약속을 어긴 적이 없다고 한다.

문재인은 원칙주의자로, 모든 일을 할 때 항상 자신이 가진 원칙을 지키기 위해서 노력하였다. 문재인에게 있어서 원칙은 자신의 인생을 살면서 일관되게 지켜야 하는 '법'과 같은 것이었기 때문이다.

문재인은 자신이 세운 원칙에 의해서 선택을 하고 행동을 하였다. 그래서 세상의 유혹을 뿌리치고 자신만의 길을 묵묵히 갈 수 있었고, 그래서 대통령 후보가 될 수 있었던 것이다.

문재인은 청년으로 성장하면서 사회 참여를 통해 세상의 변화를 꿈꿔왔다. 세상의 경험과 책을 통해서 얻은 지식을 바탕으로 자신의 원칙을 만들어 나갔다. 문재인은 고난과 어려움이 있어도 자기가 정한 원칙을 굽히지 않고, 역사적인 현장에 더욱 열심히 뛰어 들고 있다.

문재인은 고등학교 시절부터 시위를 하며 부당한 정치 현실에 맞서 싸웠고, 대학생 때에는 시위 중에 구속이 되기도 했다. 또한, 강제 소집으로 시작한 군대 생활에서도 자신의 원칙을 지키기 위해 마음을 크게 키웠다. 이후 인권변호사가 되어서는 사회적 지위나 경제적 혜택을 마다하고, 어려운 사람들을 위해 자신이 세운 원칙에 따라 도왔다.

문재인은 말한다.

"우선은 원칙이 옳은 것이다. 옳기 때문에 힘들어도 지켜야 한다고 생각한다. 하지만 쉬운 일은 아니다. 보다 더 쉽게 지키려면, 이것이 결국에는 이익이라는 믿음이 필요하다. '원칙을 지키는 것이 이익이다' 라는 것을 가장 잘 보여준 사람이 노무현 전 대통령이고, 나 또한 지금까지 살아 오면서 그것이 진실이라고 믿고 있다."

문재인은 이처럼 원칙을 세우고 실천하였다. 이처럼 항상 원칙을 지키는 문재인에 대해서 국민들은 신선한 충격을 받았고, 무엇을 해도 믿을 수 있다는 생각을 갖게 만들었다.

"어려울수록 원칙으로 돌아가라."

문재인이 지금까지 살아오면서 지켜온 좌우명이다. 오늘의 문재인을 만든 자신과의 약속이었다.

TIP

원칙이 없으면 모든 일을 결정하는데 흔들리게 된다. 그러나 문재인처럼 정확한 목표를 정하게 되면 어떠한 선택을 하더라도 흔들림이 없이 원칙대로 살게 된다. 원칙대로 살면 유혹에 빠져서 시간을 낭비하거나 나쁜 일을 하지 않게 되어 고민이 없어진다.

원칙을 만드는 것은 힘이 들지만, 나름대로 자신에 맞는 원칙을 세워 원칙대로 살면 세상살이가 쉬워진다. 아무 고민 없이 오직 원칙대로만 살면 되기 때문이다. 그래서 문재인은 우리에게 원칙을 갖고 살기를 바란다.

누구나 인생을 사는데 나름의 원칙을 세워서 지키려고 한다면, 분명히 원하는 목표에 도달할 수 있다. 중요한 것은 어떠한 원칙을 세웠는지, 어떻게 하면 지킬 수 있을지 고민하고 노력하는 것이다.

02 소신을 가져라

문재인은 리더가 꼭 갖추어야 할 정신으로 소신을 들었다. 소신(所바 소+信믿을 신)이란 굳게 믿는 바 또는 생각하는 바로 자신이 '굳게 믿는 생각'을 말한다. 소신은 자신의 신념과 가치로부터 나오는 생각으로 실제 행동과 일치해야 가치를 가진다. 소신을 가진 사람은 상황과 장소에 따라 그 모습이 다르지 않으나, 소신이 없는 사람은 다른 사람에게 유리한 모습만 보이려고 한다.

공자는 "존경받는 공직자가 되기 위해서는 자신의 발자국이 눈밭에 어지러이 나 있는 것을 마땅히 경계해야 한다."고 하였다. 이는 존경받는 공직자가 되기 위해서는 발자국마저도 소신이 있어야 한다는 것을 의미한다.

사람은 잘될수록 주변의 유혹이 많다. 유혹에 넘어가 자신이 가져온 소신을 버리는 순간 역사 속에서 버려지는 경우가 많다. 역사 속에서 이름을 남긴 사람들을 보면 한길을 묵묵히 가는 소신을 보인 사람들이 많다. 실제로 나라를 위기에서 구한 영웅들이나 충신들은 말과 행동, 그리고 올바른 선택을 통해서 소신 있는 삶을 살아온 사람들이다. 소신이 있으면 신뢰를 얻게 되고, 사람들이 존경하고 따르게 된다.

문재인은 어떠한 경우에도 소신을 지키려고 노력하였다.

문재인은 어린 시절 가난으로 어려운 삶을 살아왔다. 그는 성장하면서 낮고 어려운 곳을 돌보는 사람이 되겠다는 소신을 가졌다. 그래서 그는 '사람 사는 세상'을 만드는 정치인으로 출발하려고 한다.

문재인은 어렸을 때부터 어려운 가정환경에서 자라다 보니 자기 신념에 따라 누구의 도움을 받지 않고도 혼자 문제를 해결하려는 독립심이 강했다. 그뿐만 아니라 어려운 상황을 헤쳐나가는 의지 하나만은 누구보다도 강했다.

문재인이 어른이 되어 큰 사건들을 겪으면서도 흔들리지 않고 원칙을 지킬 수 있었던 것도 어릴 때부터 가졌던 소신 덕분이었다. 지금까지 문재인은 어떠한 압력이나 위협 속에서도 자신이 가진 소신을 지키기 위해 흔들리지 않고 오직 자기가 가고자 하는 길을 걸어왔다.

그만큼 소신을 가지고 살았다는 것을 말한다. 사람이 평생을 살면서 소신을 일관성 있게 갖는 것은 쉽지 않다. 이랬다저랬다 하는 사람은 자신의 행동과 말에 일관성이 부족한 사람인데, 그런 사람은 소신이 없으므로 신뢰를 받기가 어렵다. 문재인은 소신에 의한 일관성을 가지고 있기 때문에 존경하고 따르는 사람이 많아진 것이다.

문재인은 소신을 갖는 방법에 대해서 다음과 같이 말했다.

"소신을 갖기 위해서는 원칙을 바로 세우는 것이 중요합니다. 원칙이 생기면 소신을 생각할 필요가 없기 때문이지요. 어떤 분들은 일관성을 지키기 위해서 자기가 과거에 했던 여러 가지 결정들을 돌아보고 '거기에 맞는 결정을 이번에 하면 되겠지' 하고 생각하지만, 그런 경우는 오히려 소신을 지키기가 어렵지요."

문재인은 청와대에 근무할 때 자신의 소신에 어긋나면 노무현 대통령에게도 직언直言을 하였다. 자신이 소신을 가질 수 있었던 것은 정치적 야욕과는 무관한 사람으로, 다른 욕심이 없었기 때문에 가능했다.

　원칙의 힘으로 시대를 열어가는 문재인 리더십

우리는 일반적으로 사람을 평가할 때 그 사람의 생각이나 말이 중요하다고 생각하지만, 실제로는 그 사람이 가진 소신과 원칙을 가지고 평가를 한다. 어떤 선택을 할 때 소신을 가지는 것은 매우 중요하다. 소신만 가지면 항상 일관된 선택을 하므로 주변 사람들에게 신뢰감을 주게 된다. 그러나 소신이 없으면 선택할 때마다 다르기 때문에 주변 사람들에게 혼돈을 주어 신뢰감을 얻지 못하게 된다.

문재인은 자신이 이전에 했던 결정들을 돌아보고 소신을 세우고 그쪽 방향으로만 걸어가고 있다. 바른 소신이란 문재인처럼 사회의 정의가 요구하는 옳은 '원칙'을 세우고 지켜야 의미가 있다. 바른 소신을 가지지 못한 채 일관성 있게 행동하는 것은 잘못하면 고집이 되어버리기도 한다. 소신을 갖고 있으면 굳이 과거를 돌아보지 않고 정해진 원칙대로 걸어가기만 하면 그 자체가 일관성이 된다는 것이다.

03 인내하라

역사에서 보면, 위인 중에는 고난과 역경을 인내하고 극복하여 마침내 성공한 사람들이 많다. 링컨 대통령과 다산 정약용이 대표적인 사람이다.

링컨은 가난한 통나무집에서 태어나 정규 교육이라고는 초등학교 1학년밖에 다니지 못했다. 15세에 집을 잃고 길거리로 쫓겨났으며, 20대에는 신경쇠약으로 입원을 할 정도로 건강도 좋지 않았다. 링컨은 하원의원 선거에 3번 출마하였으나 3번 모두 낙선하였으며, 상원의원에는 2번 출마하여 모두 낙선하였고, 부통령 지명전에도 낙선하였다. 하지만 좌절하지 않고 노력하여 독학으로 변호사가 되었고 마침내 52세에 대통령으로 당선되었다.

다산 정약용의 형제들은 천주교를 믿는다는 죄로 셋째 형 정약종

이 참수를 당하고, 둘째 형 정약전은 흑산도로 유배를 가서 그곳에서 생을 마감했다. 다산 정약용도 강진으로 유배를 가서 그곳에서 고난을 겪으며 18년을 보냈다. 하지만 유배를 가서도 절망하거나 자신의 삶을 포기하지 않았다. 스스로 마음을 가다듬어 학문을 닦고, 제자를 가르치고, 많은 책들을 저술했다. 정치, 경제, 역사, 어문학, 지리, 과학, 예술, 의학 등 다방면의 저서를 530여 권이나 남겼다.

문재인도 어린 시절 무척 어렵게 자랐다. 그의 부모는 한국전쟁 중 흥남 철수 때 미군 군함을 타고 거제도로 피난을 내려와 시골집에 방 한 칸을 세 들어 살았다. 문재인은 그런 피난살이 중에 태어났다. 그의 부모는 피난 내려올 때 아무 것도 가져오지 못했으므로 당연히 가난했다.

부산으로 이사 와서는 용두산공원 아래 피난민 판자촌에서 살았는데 정말 찢어지게 가난한 동네였다. 그때 어린 문재인은 어머니를 도와 연탄 리어카를 끌거나 연탄을 손에 들고 배달하는 일을 돕기도 했다. 하지만 어려운 환경을 인내하고 공부하여 그 무렵 부산에서 최고 일류 학교로 꼽히던 경남중학교에 합격하였다.

대학에 들어가서도 문재인의 생활이 평온한 것은 아니었다. 당시

대학은 유신 독재 정치에 항거하는 시위가 많았다. 문재인은 앞장서서 시위를 주도하다가 구속되었다. 문재인은 구속과 동시에 학교에서도 제적됐다. 학교에서 제적된 문재인은 바로 강제 징집되어 군대를 갔다. 그리고 우리나라에서 가장 훈련이 힘들다는 특전사로 배치되었다. 하지만 고된 훈련을 인내하고 이겨내어 특수전 훈련을 마칠 때는 특전사령관으로부터 최우수 표창을 받기도 했다.

군대에서 제대를 한 후에는 그의 인생에서 가장 갑갑하고 난감한 기간을 보내야 했다. 학교에 복학도 안 되고, 아무런 대책 없이 젊은 날을 무료하게 보내야 했다. 그러던 중 갑자기 아버지가 돌아가셨다. 북한에서 피난 내려와 온갖 고생을 하며 자신의 공부를 뒷바라지 한 아버지께 너무도 죄송스러웠다. 문재인은 이런 절망의 상황에서 사법시험을 공부하기로 결심했다. 그리고 마침내 인고의 세월을 극복하고 사법시험에 합격하였다.

그러나 사법시험 합격으로 인생이 순탄하게 활짝 핀 것은 아니었다. 사법연수원을 2등으로 수료하였지만 판사나 검사로 임용이 안 되었다. 당시에는 사법시험 합격자가 140명 정도로 적었기 때문에 합격만 하면 대부분 판검사로 임용이 되던 시기였다. 문재인은 우수한 성적으로 수료하였지만 학교 다닐 때 시위를 주도했다는 이유로 판검사 임용이 안 된 것이다. 하지만 문재인은 낙심하지 않았다.

담담하게 받아들이고 고향으로 내려가 변호사로 활동했다. 그리고 거기서 자신의 운명이 시작되었다. 노무현 대통령을 만난 것이다.

대부분 사람들은 어려운 일을 당하면 낙심하고 포기하려 한다. 그때는 역경을 피하려고 하지 말고 담대하게 받아들이는 것이 좋다. 그리고 주어진 현실을 인내하면서 자신의 길을 찾아야 한다.

문재인이 초등학교 시절 용두산 피난민 판자촌에서 살았다. 그곳은 찢어지게 가난한 동네였다. 어린 문재인도 부유한 집 친구들처럼 가지고 싶은 것, 먹고 싶은 것, 보고 싶은 것이 많았을 것이다. 하지만 그는 어머니를 도와 연탄 리어카를 끌고 연탄을 배달해야 했다. 힘들기도 하고 친구들이 볼까 봐 부끄럽기도 하였을 것이다. 그렇지만 어린 문재인은 가난을 인내하면서 스스로 성장해 나갔다.

문재인의 삶은 결코 순탄하지 않았다. 어린 시절의 가난, 대학 시험 실패, 학생운동으로 인한 구속, 학교 제적, 군대 강제 징집, 판·검사 임용에 낙방, 그리고 자신의 멘토이자 평생 동지인 노무현 대통령의 갑작스런 서거 등 어려운 일이 많았다. 하지만 그때마다 인내하고 극복하면서 한 단계씩 더 발전해 나갔다.

문재인은 가난했던 어린 시절에 대해 다음과 같이 회상하고 있다.

"가능하면 혼자서 해결하는 것, 힘들게 보여도 일단 혼자 해결하려고 부딪혀 보는 것, 이런 자세가 자립심과 독립심을 키우는 데 많은 도움이 됐다고 생각한다. 가난이 내게 준 선물이다."

04 용기를 길러라

문재인이 존경받는 이유는 바로 용기 있는 사람이기 때문이다. 문재인은 삶을 평탄하게 살 수도 있었지만, 사회 정의를 구현하기 위해서 민주화운동에 참여를 했다. 두 번의 구속과 강제 징집을 당했지만 문재인은 정의로운 삶을 포기하지 않았다.

그는 용기가 있었기 때문에 모든 어려움을 인내하고 끊임없는 도전을 할 수 있었다. 이러한 용기는 문재인이 리더로서 인정을 받게 된 원동력이 되었다.

문재인의 승리는 결코 우연히 생긴 것이 아니라 끝없는 노력과 도전의 결과다. 이는 용기가 없으면 안 되는 일이다. 문재인은 세상의 그 어떤 것에 대한 두려움도 갖지 않고 있다.

문재인은 박정희 대통령의 유신 독재에 대한 반대 운동을 하다가 강제 징집되어 군대를 갔다. 그는 훈련을 마치고 특전사로 배치됐다. 특전사는 우리나라 최강의 부대다. 전쟁이 나면 적진에 깊숙이 들어가 전투를 해야 되기 때문에 강인한 정신력과 체력을 갖추어야 한다. 그래서 특전사의 훈련은 힘들기로 소문이 나 있다.

20kg의 배낭을 메고 10km를 57분 안에 뛰어야 한다. 공수부대는 연중 절반을 밖에서 야영 훈련을 하는데, 그중 가장 고되고 힘든 훈련이 천 리 행군이다. 천막과 침낭, 식량 등이 가득 들어 있는 배낭을 메고 매일 야간에 지리산 등 산길을 40~50km씩 걸어서 400km를 행군한다.

그리고 매년 2주씩 수중 침투 훈련을 하는데 파도 치는 바다에서 3.2km를 헤엄쳐 가야 한다. 스쿠버 훈련을 할 때는 20kg의 모래주머니를 안고 헤엄치고, 맨 몸에 12kg의 납 벨트를 허리에 차고 헤엄을 치기도 한다. 그리고 전투수영 훈련 때는 군화를 신고 탄띠에 총까지 어깨에 멘 상태로 헤엄을 쳐야 한다.

보통 사람들은 아예 엄두도 내지 못할 혹독한 훈련이었다. 하지만 문재인은 이런 고된 훈련을 이겨냈을 뿐 아니라 입대한 첫해에 인명구조원 훈련을 받고 대한적십자사로부터 '고급인명구조원' 자격증까지 취득했다.

문재인이 특전사 복무 중 가장 위급한 사건이 발생했다. 1976년 8월 18일, 북한군에 의한 판문점 도끼 만행 사건이 발생한 것이다. 판문점 공동경비구역 내에서 초소의 시야를 가리는 미루나무 가지치기를 하던 미군과 한국군 장병들을 수십 명의 북한군이 몰려와 도끼와 몽둥이를 휘두르며 폭행을 했다. 이 사고로 미군 장교 두 명이 살해되어 전 세계가 경악했다. 미국은 북한에 대한 보복 공격을 준비했다. 한국전쟁 이후 처음으로 데프콘_{전투준비태세}가 상향 발령되고, 한반도는 전쟁 발발 직전의 준전시 상태가 되었다.

한국과 미국은 만행을 저지른 북한에 대해 응징을 하기로 하였다. 판문점에 들어가 문제가 된 미루나무를 아예 잘라버리기로 한 것이다. 이 과정에서 북한과 충돌이 일어나면 자칫 전쟁으로 비화될 수 있는 위급한 상황이었다. 동해에는 미국 항공모함이 진입해 북한을 압박하고, 하늘에는 수십 대의 전투기가 경계 비행을 하고, 휴전선에는 전군이 비상 배치되어 판문점을 주시하였다. 한국은 최정예 특전사 부대를 판문점에 투입하여 미루나무를 제거했다. 당시 특전사 상병인 문재인도 이 역사적인 작전에 참가하였다. 북한은 한국의 특전사가 미루나무를 자르는 것을 바라만 보고 감히 대응을 하지 못했다.

문재인은 공수부대라는 특수 부대에서 강인한 훈련을 통해 자신을 단련하는 용기를 길렀다. 용기가 있어야 불의를 보고도 피하지 않고 정의를 실천할 수 있다. 용기가 있으면 남을 배려하고 겸손해 진다. 그리고 당당하게 자신의 삶을 힘차게 열어 나갈 수 있다.

노무현 대통령이 갑자기 서거하여 많은 사람들이 방황을 하고 온 나라가 혼란해졌을 때 문재인이 의연하게 대처하는 모습을 국민들에게 보여줄 수 있었던 것은 평소 용기를 길러 자신을 단련했기 때문이다. 당초 정치에 뜻이 없었던 그가 현실을 피하지 않고 과감하게 대통령후보로 나설 수 있었던 것도 용기를 가졌기 때문이다.

용기란 태어나면서 부모로부터 물려받는 것이 아니다. 학교에서 가르쳐주는 것도 아니다. 자라면서 스스로 단련하고 길러야 한다. 용기를 가진 자가 진정한 지도가가 될 수 있다.

 원칙의 힘으로 시대를 열어가는 문재인 리더십

05 경청하라

한 연구보고에 따르면, 85% 이상의 사람들이 경청 능력에 있어서 평균 이하였고 5%에도 못 미치는 소수의 사람들만이 우수한 평가를 받았다고 한다. 대부분의 사람들은 남의 말을 잘 들으려 하지 않고 다음에 무슨 말을 할까에 더 신경을 쓰기 때문에 결과적으로 자신이 청취한 전체 내용의 25%만을 경청하게 되고 나머지 75%는 그냥 흘려들어 버리게 된다고 한다.

상대가 이야기하는 동안 딴생각하기 일쑤이거나 듣고 싶은 것만 골라서 듣기도 한다. 화자가 되기 위한 여러 요소들 가운데 가장 중요한 것이 경청의 기술이다. 경청은 단순히 남의 말을 듣는 것이 아니라, 두 귀로 상대방을 설득하는 방법이다. 한자로 청聽 자에는 귀 이耳와 임금 왕王이 들어 있다. 귀를 왕처럼 크게 열라는 의미이다.

눈 목目자가 있고, 그 아래 일심一心이 있다. 눈을 똑바로 뜨고 마음까지 열어서 보라는 의미이다. 듣는 것이라는 행위가 얼마나 큰 의미가 있는 행위인지 한자의 구성 요소만 봐도 알 수 있다.

문재인을 평가하는 사람들이 가장 큰 장점으로 꼽는 것 중에서 하나가 "문재인은 누가 말해도 잘 들어준다."는 것을 꼽는다. 즉 '경청 리더십'을 문재인의 장점으로 꼽았다. 문재인은 지도자의 제1 덕목은 올바른 비전이 있어야 하고, 그 비전을 갖추기 위해 끊임없이 참아야 하기에 문재인은 답이 나올 때까지 참는다고 한다.

문재인은 모든 인간관계의 해답은 얼마나 잘 들어 주느냐에서 결정된다고 생각한다. 그뿐만 아니라 문재인은 선천적으로 남과 함께 하기를 좋아하기 때문에 남의 말을 들어주는 것이 습관화된 사람이다.

문재인의 경우처럼 일과 삶에 있어 모든 인간관계의 해답은 얼마나 잘 소통하느냐에 달렸다. 그렇기 때문에 수많은 지도자는 유효적절한 소통법을 찾아 남의 말을 들으려고 한다. 하지만 대부분의 리더들은 남의 말을 듣기보다는 자신의 말을 많이 하는 편이다. 그러나 문재인은 다르다. 그는 경청의 달인답게 청와대에서 근무할 때도 다른 동료들과의 대화에서 남의 말을 잘 들어주기로 소문이나 있는 사람이다.

　문재인이 청와대에 들어가 맡은 업무 중의 하나는 장기적으로 처리되지 못하고 남아 있는 국책사업을 해결하는 것이었다. 당시 우리나라는 전시작전통제권 환수, 용산미군기지 이전, 방사성폐기물 처리장 건설, 사패산·천성산 터널 공사 등의 국책사업이 이해당사자들의 사회적 갈등으로 5년에서 10년이 넘도록 해결되지 못하고 있었다.

　문재인은 이해당사자와 갈등의 주역들을 만나 이야기를 충분히 듣고서 대화와 타협을 통한 합리적인 방식으로 해결해 나갔다. 사패산 터널 문제를 해결하기 위해 불교계의 스님들을 찾아가 여러 차례 협의를 하며 해결을 이끌어냈다. 도롱뇽 살리기를 내걸고 천성산 터널 공사를 반대하던 스님이 단식을 할 때는 그때마다 찾아가 만류하고 설득했다.

　부안 주민들이 방폐장 건설 반대 시위를 할 때는 누구에게도 알리지 않고 직접 차를 몰고 내려가 현지 사정을 살펴 보았다. 주민들의 반대가 심하다는 것을 느끼고, 주민들의 의사를 확인하기 위해 방폐장 건설을 주민 투표에 부쳤다. 그리고 부안 주민들의 반대 의사를 확인한 다음 당초 계획을 포기하였다.

　민주통합당의 대통령후보로 나와서는 전 국민의 의견을 듣기 위해 '경청 투어'를 다녔다. 경청투어는 문재인의 지역 순회 콘셉트로, 주민들을 모아두고 연설을 하기 보다는 직접 주민을 찾아가 이야기를 듣겠다는 것이다.

문재인은 먼저 사람들의 말을 겸손하게 경청함으로써 사람들의 마음을 얻고 신뢰를 얻었다. 그래서 '경청은 사람의 마음을 얻는 기술'이라고 한다.

| 대전 경청투어 중

문재인은 청와대에서 근무할 때 나이 어린 직원들에게도 한 번도 반말을 쓴 적이 없으며 항상 정중하고 공손했다고 한다. 모든 직원에게 존댓말을 쓰는 것으로 유명했고, 자신의 주장을 내세우기보다 다양한 의견을 듣고 상황을 명확하게 정리해내는 업무 스타일을 보였다.

들어주는 것을 잘하는 사람들의 특징을 보면 대부분 사람들에게 인기가 많다. 잘 들어주기만 해도 상대방은 그 사람에 대해서 좋은 인상을 갖게 되기 때문이다. 더욱이 집중해서 진심을 다해 들어주면 그것은 일종의 상대방을 지지하고 인정한다는 칭찬과 같아서 사람을 기분 좋게 만든다.

그리고 말이 많은 사람의 경우 꼭 실수를 하게 마련인데, 잘 들어주는 사람은 가만히만 있어도 점수를 얻게 된다. 끊임없이 자기 이야기만 한다면 어떤 누구도 그 사람과의 관계를 유지하고 싶어 하지 않는다.

따라서 경청의 중요성은 아무리 강조해도 지나침이 없다. 여러분들도 존경받는 리더가 되기 위해서는 남의 말을 들어주는 경청을 습관화해야 한다.

06 청렴하라

사람은 누구나 본능적으로 편한 삶과 잘살고 싶은 마음을 가지고 있다. 조선 시대 후기의 실학자 정약용은 욕심을 얼마나 억제하고 다스리느냐의 여부가 진정으로 존경받는 리더나 인간의 평가 기준이라고 생각하였다. 그래서 정약용은 리더가 되기 위해서는 자신의 마음을 억제하고 통솔하는 마음가짐을 중요한 일로 여겼다.

문재인은 매사에 자신의 마음을 억제하고 통솔하는 마음가짐을 가지기 위해 청렴한 자세를 생활화하였다. 근검 정신은 자신에게 지나칠 정도로 엄격했으며, 항상 검소한 생활을 강조하였고, 지금까지 근검한 생활을 실천하였다. 문재인은 청렴한 공직관을 가지고 실천한 인물이다. 그의 검소하고 절제된 생활은 언론에 여러 차례

보도되었다.

문재인은 민정수석 시절에 혹시라도 있을지 모를 민원이나 청탁, 혹은 구설을 우려해서 일 이외의 사람은 만나지 않았다. 만나자는 사람, 찾아오는 사람이 많았지만 제일 좋은 방법은 아예 안 만나는 것이었다. 청와대 근무하는 동안에는 아예 동문회나 동기회, 기타 사적 모임엔 가질 않았다. 심지어는 집안 행사 같은 데도 거의 가지 않았다.

한번은 민정수석이 됐다고 대학 동문회에서 마련해 준 자리가 있었다. 문재인을 위해 마련한 자리였고 축하패까지 준비했지만 문재인은 가지 않았다. 그 뒤에 재차 그런 자리를 다시 마련했다며 이번엔 꼭 오라는 요청이 왔다. 난감했기에 단호하게 축하패만 받겠다고 말했고, 그날 가서 축하패만 받고 바로 나왔다.

또 한 번은 어느 부처 고위직에 있는 동창이 미리 약속이라도 된 듯 비서관에게 말을 하고는 예고 없이 문재인을 찾아온 적이 있다. 비서관이 혼자 들어와 말했다.

"동창 ○○○가 오셨는데요."

문재인은 말했다.

"없다고 하세요."

비서관은 고지식하게 동창에게 말했다.

"없다고 하랍니다."

문재인과 비서관이 나눈 말을 밖에서 다 들은 그 동창은 민망해했다. 이후 비서관은 문재인을 방문할 만한 합당한 사유가 없으면 아예 없다고 하거나 만날 수 없다며 돌려보냈다.

만나야 할 사람을 사무실에서 만나는 경우에도 항상 문을 열어놓았다. 문재인은 청와대 내에서 늘 조심하고, 근신하고, 절제하는 마음으로 긴장하며 살았다.

뇌물 비리에 연루되어 노무현 대통령의 모든 측근들이 검찰 소환을 당했을 때 유일하게 검찰이 소환하지 못한 인물이 바로 문재인이다. 그때 검찰은 노무현 대통령의 가족과 친척들은 물론 그 측근들이 간 식당까지 조사했다. 그러나 검찰의 철저한 수사도 문재인만큼은 건들 수 없었다. 이로 인해 문재인은 청렴하고 깨끗한 사람이라고 알려져 있다.

문재인은 참여정부 기간 중에 혹시나 오해를 살까 봐 한 번도 변호사 활동을 하지 않았다. 혹시나 자신이 정부의 중요한 일을 하고 있기 때문에 청탁이나 이권을 부탁할 것 같았기 때문이었다. 민정수석과 비서실장을 지낸 사람이 지푸라기만한 혜택이라도 누리게 될까 봐 아예 변호사를 휴업하였다. 참여정부 임기 중 변호사 활동을 잠깐이라도 한 것은, 노무현 대통령 탄핵 변호를 위해 아주 잠시 선임계를 낸 것이 전부였다.

참여정부 임기가 끝나고도 그는 한동안 변호사 개업을 하지 않았다. 약 8개월을 시골에 묻혀 닭을 키우고 채소를 기르며 농부로 지냈을 정도다.

| 손수 운전하는 문재인

문재인은 청와대에 근무할 때도 평창동의 조그만 연립주택에 세를 얻어 살았다. 그리고 렉스턴 중고차를 직접 운전했다. 그는 지금까지 공석이든 사석이든 간에 운전기사를 쓰지 않고 손수 운전하고 다닌다. 일반 구내 식당에서 식사를 하고 비행기나 기차는 일반 좌석을 이용했다. 그리고 골프도 즐기지 않았다. 오직 산과 들에 핀 야생화를 감상하는 일이 그의 취미였다.

문재인은 아예 동창회에 얼굴을 비추지도 않았다. 고등학교 동창인 고위 공직자가 문재인의 방에 들렀다가 얼굴도 못 본 채 쫓겨난 적도 있으며, 또한 청와대 출입 기자단과 단 한 차례의 식사나 환담 자리도 갖지 않았다고 한다. 문재인의 이러한 가치관과 행동으로 인해 국민들에게 청렴한 정치인으로 신뢰받기에 충분하였다.

문재인이 청와대를 떠나 양산에서 변호사를 할 때 사람들은 "청와대 계실 때 재산 공개를 보니까 많이 벌어놓지 못하셨던데 경제적으로 괜찮은가요?"라는 질문을 하였다,

문재인은 다음과 같이 말했다.

"청와대 가기 전에 벌어 놓았던 것을 청와대 있을 동안 다 까먹었어요. 그래서 생계를 위해 변호사를 해야 해요."

세상이 조금 넉넉해졌다고 재물을 마음대로 낭비하는 요즈음 마음을 억제하고 통솔하는 문재인의 생활을 되새기면서 진정한 리더가 되도록 노력해야 한다고 여겨진다. 문재인의 이러한 청렴 정신은 오늘날 수많은 공무원이 부정부패에 연루되어 감옥에 가는 우리의 현실에 비추어 볼 때 한 번쯤 깊게 새겨볼 내용이다.

07 자신을 절제하라

사람은 살다 보면 감정 조절이 잘 안 되는 때가 많다. 그 대표적인 예가 화가 났을 때다. 화가 났을 때 대부분 이성을 잃고 목소리가 높아지거나 행동이 난폭해 진다. 이러한 현상은 주변 사람에게 안 좋은 영향을 주고, 자신에게도 좋지 않다. 특히 문재인처럼 사회적으로 유명한 사람들은 감정 조절을 한 번만이라도 잘못하게 되면 온통 매스컴과 사람들에게 지탄의 대상이 되고 매장당할 수도 있다. 문재인은 여러 가지 큰일을 겪으면서도 감정 조절을 잘하는 것으로 유명하다.

많은 사람들이 노무현 전 대통령 서거 이후 문재인의 모습을 보고 매우 절제력이 강하고 차분하다고 말한다. 하지만 문재인은 이렇게 말했다.

"고등학교나 대학교 생활에서 부당한 상황을 보면 화를 참지 못하는 성격이고, 화가 나면 부들부들 떨면서 말을 잘하지 못하는 성격이었다. 그러나 변호사 생활을 오래 하고, 공직 생활을 겪고 하면서 체면을 차리고 절제할 수 있게 됐다."

문재인은 전형적인 외유내강형 사람으로 여태까지 그가 흥분하거나 목소리 높이는 것을 본 적이 없는 사람이 많다.

노무현 대통령의 죽음으로 누구보다 큰 충격을 받은 사람은 문재인이었지만 그는 꼿꼿했다. 노 대통령에게 문재인은 친구이자 동지 중 한 사람이었지만, 인간관계가 노 대통령보다 좁은 문재인에게 노무현은 전부였다고 봐도 과언이 아니다. 그렇게 충격을 받은 상황에서도 냉정함을 유지하면서 노 대통령의 장례를 치른 사람이 문재인이다.

검찰의 강압적인 수사와 함께 이명박 정권에 대한 불편한 마음도 많았다. 그런 와중에 이명박 대통령이 노무현 전 대통령의 분향소를 직접 방문해서 조문한다고 연락이 왔다.

청와대는 이 대통령의 조문을 결정하고 현지의 격앙된 분위기 탓에 불상사가 발생할지도 모르기 때문에 경호팀에서는 걱정하는 목소리도 나왔다.

| 고 노무현 대통령의 빈소에 조문 온 이명박 대통령을 맞이하는 문재인

경복궁 영결식장에서 이명박 대통령이 조문하러 들어서자, 어떤 민주당 국회의원이 "사과하라!"며 소리치고 뛰어나갔다. 일부 흥분한 조문객들도 함께 소리를 질렀다. 그러나 문재인은 상주로서 이 대통령에게 아주 정중하고 깍듯하게 고개를 숙였다. 이 장면을 지켜본 많은 사람은 문재인에게 감동했다.

만약 문재인이 노무현 대통령이 자살한 원인을 이명박 정부에 돌렸다면, 어떤 불상사가 생겼을 것이다. 그러나 문재인은 모든 감정을 내려놓고 최대한 예우를 하였다.

문재인의 진짜 모습은 노무현 대통령의 장례식과 관련된 일련의 모습에서 아주 분명하고도 인상적으로 나타났다. 모두들 비통하고 격앙되고 흥분한 상황에서 문재인은 가장 절제된 자세로 그 모든 상황을 통제해 나갔다. 눈물 한 번 보이지 않았다. 그는 속으로 정말 많이 울었다고 한다. 그러나 자신이 책임지고 결정해야 할 일이 너무나 많았기에, 자신의 감정을 표현할 여유조차 없었다. 그러나 눈물 한 방울 흘리지 않는 그의 모습이 더 처연했다. 이러한 문재인의 모습에서 국민은 감동을 받았다.

변호사 활동을 하며 정치권으로부터 러브콜을 받기도 했지만, 한사코 거절했다. 특히 2002년 대한민국 제3회 지방선거를 앞두고, 당시 대통령 후보였던 노무현이 몇 차례 부산광역시장 출마를 권유했음에도 '나는 참모용'이라며 '더 나은 사람이 출마해야 한다'고 고사하였다. 노무현이 대통령에 당선된 이후에도 문재인은 '변호사 업무에 복귀하겠다'는 뜻을 여러 차례 밝혔다.

08 공평하라

문재인은 대통령 후보 수락 연설에서 사람이 먼저인 세상을 만드는 것을 국정 철학으로 삼아 일자리 혁명, 복지국가, 경제 민주화, 새로운 정치, 평화와 공존의 실현을 위한 5개 문을 넘겠다고 강조했다.

문재인은 그중에서도 공평하고 정의로운 사회를 만들겠다고 강조하였다. 공평이란 어느 쪽으로도 치우치지 않고 고름을 말하며, 정의는 어떤 말이나 사물의 뜻을 명백히 밝혀 규정하는 것을 말한다.

문재인은 그동안 우리나라가 성장만을 외치면서 달려오는 동안 공평과 정의가 제대로 실현되지 못했다고 생각한다. 그래서 특권과 부패가 만연했고, 독선과 아집이 널리 생활화되고, 갈등과 반목이 되풀이된다고 보았다. 이러한 문제점들은 한국이 새롭게 전진하는 앞길을 가로막고 있다고 보았다.

지금까지 많은 지도자들은 입으로는 공정 사회를 부르짖었지만 실제로는 측근 세력들이 국가 권력을 사유화하고 공공성을 파괴했고, 최상위 계층에게 이익을 과도하게 몰아줌으로써 공평한 사회가 무너지고 말았다. 이로 인해 국민들은 불만이 생기고 정치인에 대해서 신뢰하지 못하게 되었다.

문재인은 정의를 지키기 위해서 소득이 생기면 꼭 세금을 내야 한다는 원칙을 지킬 것이라고 하였다. 그리고 재벌의 지배 구조를 개선하여 중소기업이나 개인 사업자들이 잘살 수 있는 세상을 만들려고 한다.

노동자들이 부당하게 해고되고 권익이 부당하게 침해당하는 일은 없도록 사회를 바로 잡겠다고 한다. 소수의 강자가 다수의 국민 위에 군림하지 않고, 약자와 강자가 공존 상생하는 경제 질서를 만드는 것이 경제 민주화인데, 그것을 반드시 실천하겠다고 하였다.

09 불의와 타협하지 마라

　문재인이 고등학교 2학년 때 박정희 대통령이 헌법을 자신에게 유리하게 고쳤다. 당시 국민들은 유신헌법에 대해서 불만이 많았다. 문재인이 다니는 학교에서도 이 일이 화제가 되었다. 그래서 학생들은 반대 시위를 계획했다. 문재인도 참여하기로 했다. 시위하는 날이 오자 모든 학생들이 운동장으로 나와서 소리쳤다.

　"3선 개헌 반대!"

　그때 경찰들이 가스를 뿜으며 학생들을 학교 안으로 밀어 버렸다. 이렇게 시위는 실패되었지만 문재인과 학생들의 가슴에는 사회 현실에 더욱 적극적으로 참여하겠다는 뜻이 새겨졌다. 이때부터 문재인은 올바르지 못한 것을 보면 꼭 고쳐야 한다는 마음을 가지게 되었다.

한편 그해 초부터 고등학교에서도 교련이 시행됐다. 박정희 정권이 장기 집권을 위해 학교를 병영화하고, 학생들을 장악하려는 의도였다. 학생들은 교련에 대한 불만도 많았다. 이로 인해 교련시험 때 집단으로 백지 답안지를 낸 일도 있었다. 문재인은 이런 일들을 직접 경험하면서 사회의식과 정치의식을 크게 키우게 되었다.

이처럼 문재인은 학창시절부터 정의로운 마음과 용기를 가지고 불의에 맞서 투쟁하였다. 경희대학교 법대 3학년 시절 유신 반대 열기가 캠퍼스를 뒤덮었고, 군부 정권은 긴급조치를 통해 국민들을 탄압하고 민주화의 열망을 가진 사람들을 구속하고 사형에 처했다. 이렇다 할 학생운동이 없던 경희대에서도 가을에 접어들자 재단 퇴진 농성을 계기로 유신 반대 시위가 계획되었다. 문재인은 당시 총학생회 총무부장으로서 집회에 필요한 선언문을 작성하고 시위를 주도했다.

그리고 유신 반대 시위를 주동하고 학우들을 보호하기 위해 제 발로 걸어가 경찰에 체포되었다. 결국 문재인은 1975년 4월 11일 집회 때 구속되어 1975년 6월 집회 및 시위에 관한 법률 위반으로 징역 8월 집행유예 1년을 선고받고 학교에서 제적당했다. 문재인은 시위를 주동하게 되면 구속과 함께 제적될 것이라는 것을 처음부터 알고 있었다. 이처럼 자신의 미래가 어떻게 다가올지를 알고 있으면서도 결코 불의와 타협하지 않았다.

10 우직하게 자신의 길을 가라

성공한 사람들을 보면 어린 시절부터 선천적으로 탁월한 능력을 보이는 경우는 많지 않다. 오히려 어린 시절에는 평범했으나 점차 자신의 능력을 발견하고 개발하여 성공한 경우가 많다. 문재인도 성장해 가면서 단계적으로 리더가 되고 지도자가 된 대기만성 형의 인물이다.

초등학교 시절의 문재인은 그야말로 평범한 아이였다. 학교에서 눈에 띄지 않는 아이였다. 키도 작고 몸도 약했다. 성격도 내성적이어서 선생님의 관심을 받아본 적이 없었다. 5학년 때까지도 성적이 좋은 편이 못 되었다. 6학년이 되자 비로소 중학교 입학시험에 대비해서 학교에 늦게까지 남아 공부하면서 점차 두각을 나타냈다. 반에서 공부를 잘하는 아이들은 대부분 과외수업을 받고 있었으나 문재인은 집안 형편으로 과외는 꿈도 꾸지 못했다. 하지만 혼자 공부하여 마침내 그 당시 부산 최고의 명문 학교인 경남중학교에 당당히 합격을 하였다.

대학에 들어가서도 문재인이 처음부터 학생운동에 뛰어들어 리더가 된 것은 아니었다. 3학년 가을에 유신 반대 시위가 있었는데, 학생회장단이 시위를 주도하고 문재인은 선언문의 작성과 인쇄를 담당하기로 하였다. 그런데 시위를 하기로 한 시각에 학생회장단에서 아무도 나타나지 않았다. 학생처 직원들은 학생들을 해산하려 하였다. 그대로 두면 시위는 실패로 끝나는 순간이었다. 이때 문재인이 단상에 올라가 선언문을 낭독했다. 학생들이 금세 2,000명으로 불어나더니 경찰과 대치하면서 격려한 시위가 벌어졌다. 그 후로 문재인은 학내에서 일약 학생운동의 중심 인물이 되었다.

학생운동의 중심 인물이 된 문재인에게는 큰 시련이 기다리고 있었다. 검찰에 구속되어 재판에 회부되었고, 학교에서는 제적되었으며, 강제 징집되어 군대를 가야 했다. 군대에서 제대하였으나 복학은 되지 않고 미래가 보이지 않는 답답한 생활이 이어졌다. 설상가상으로 아버지가 갑자기 돌아가셨다. 그때 문재인은 자신의 인생에서 새로운 길을 결심했다. 사법시험을 공부하기로 결심한 것이다. 그리고 당당히 합격했다.

사법시험에 합격했어도 문재인의 인생이 순탄한 것은 아니었다. 사법연수원을 2등으로 수료했으나 학생운동 경력 때문에 판·검사 임용이 되지 못하였다. 문재인은 현실을 담대하게 받아들이고 고향으로 낙향하여 인권변호사의 길로 들어섰다. 하지만 그곳에서 운명적으로 노무현을 만나 함께 일하게 되었고, 그리고 청와대 민정수석, 시민사회수석을 거쳐 비서실장이 되었다.

노무현 대통령의 퇴임과 함께 문재인도 다시 고향으로 내려가 조용히 살고자 하였다. 그러나 노무현 대통령이 갑자기 서거하였다. 노무현 대통령의 서거 소식은 문재인에게는 물론 전 국민에게도 큰 충격을 주었다. 하지만 문재인은 마음을 가다듬고 추스렸다. 그리고 노무현 대통령 장례식의 상주가 되어 처음부터 끝까지 한 치의 빈틈없이 장례식을 치렀다. 텔레비전을 통해 노무현 대통령의 영결식이 전국에 중계되었다. 많은 국민들이 의연하게 대처하고 있는 문재인을 주목하였다. 문재인의 리더십이 국민들에게 큰 인상을 주었다. 문재인이 지도자로서 부각되는 순간이었다.

당초 문재인은 정치에는 뜻이 없었다. 하지만 자신에게 주어진 상황을 피하지 않고 성심을 다하여 자신의 길을 뚜벅뚜벅 걷다 보니 어느 순간 많은 국민들에게 신뢰를 받는 국가적 지도자로 부상한 것이다.

　　우리 선조들 중에는 '우보'라는 호를 가진 분들이 많다. 우보는 소의 걸음이라는 뜻이다. 세상과 야합하지 않고 오직 소처럼 우직하고 진실되게 자신의 길을 걷겠다는 뜻을 담고 있다.

　　문재인의 삶을 되돌아 보면 소 걸음처럼 우직하게 걸어온 것을 알 수 있다. 문재인 자신이 옳다고 생각한 것은 끝까지 소신을 굽히지 않았다. 그리고 권력이나 이익을 탐해서 지조나 양심을 팔고, 한술 더 떠서 권력에 영합하거나 더 악질 노릇을 하는 것을 가장 꼴불견으로 여겼다.

　　자신에게 최선을 다하는 삶은 아름답다. 그리고 반드시 좋은 결과를 얻게 된다. 우리도 문재인이 살아왔던 것처럼 우직하게 자신의 길을 걷도록 하자!

04

멘토에게 배운다

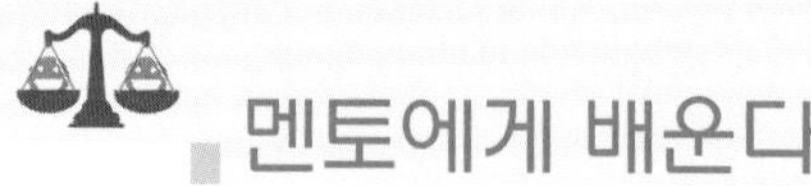

멘토에게 배운다

멘토는 어두운 밤에 앞을 비춰주는 손전등과 같다. 멘토를 따라가 보는 것만으로도 시행착오를 할 확률이 줄어들고, 나의 비전에 더욱 확신을 가지게 된다. 대선 후보인 문재인에게도 자신의 인생에 영향을 끼친 멘토가 있다.

자신을 인권변호사와 정치에 발을 들여 놓도록 해준 노무현
사회정의를 구현하는데 정신적 스승이 된 리영희
지식인의 자세를 가르쳐 준 정약용…….

여러분들도 꿈이 있다면 그 꿈을 이룬 사람을 멘토로 삼아 그 사람처럼 생각하고 행동하면 실패하지 않고, 쉽게 이룰 수 있다.

01 운명을 바꾼 노무현

노무현은 변호사로서 제법 잘 나가던 1981년, 부산의 대학생 20여 명이 사회과학 서적을 탐독했다는 이유로 발톱이 새까맣게 죽는 고문을 당하며 빨갱이로 조작되는 현장을 목격한 것을 계기로 학생 사건, 노동 사건을 무료 변론하는 인권변호사가 된다.

대통령이 되어서는 검찰을 일단 확실하게 독립시켜서 기존 대통령

| 제16대 대통령 선거에 출마했을 때의 모습

들이 검찰을 행정부 아래 두었던 과거의 관행을 깬 것은 잘한 것으

로 평가된다. 그러나 대통령이 너무 여러 의견을 수렴하려 하다 보니 사회가 혼란스럽기도 했고, 진보와 보수, 지역과 지역, 노사관계 단체와 단체 등이 심각한 갈등을 빚기도 하였다.

그러나 임기 동안 일관하여 고질적인 지역주의를 청산하기 위하여 노력하였고, 사회 전반에 만연한 권위주의를 타파하는 데도 공헌하였다는 평가를 받는다. 대미對美 외교에서는 '대등한 관계'를 추구하였으며, 한반도 평화 체제 구축을 위하여 북한과 긴장 관계를 해소하는 데 힘썼다. 역대 대통령 중에서 가장 친근한 이미지의 대통령이 되었다.

노무현은 1946년 음력 8월 6일, 경상남도 김해시 진영읍의 가난한 집안에서 태어났다. 대창초등학교와 진영중학교를 다니는 동안 학업 성적이 우수하였으나 집안이 가난하여 진학을 포기하고 부산상업고등학교에 진학, 1966년 졸업하였다.

부산상고를 졸업한 뒤 어망 제조업체에 잠시 다니다가 그만두고 막노동판에서 일하면서 사법시험을 준비하다 1968년 육군에 입대하였다. 1971년 제대한 뒤 다시 사법시험을 준비하였다. 1973년 1월 같은 고향 사람인 권양숙權良淑과 결혼하였다.

　원칙의 힘으로 시대를 열어가는 문재인 리더십

1975년 네 번째 도전 끝에 제17회 사법시험에 합격하였다. 1977년 대전지방법원 판사로 임용되었으나 이듬해 5월 사직하고 부산에서 변호사 사무실을 개업하였다. 이후 한동안 안정되고 자유로운 생활을 하다가 1981년 용공 조작 사건인 부림사건釜林事件의 변론을 맡은 것을 계기로 학생·노동자 등의 인권 사건을 변호하는 인권변호사의 길을 걸었다. 이때 문재인과 같이 일하게 되면서 죽을 때까지 같이 한다.

1985년 부산민주시민협의회 상임위원장을 역임하고, 1987년에는 민주헌법쟁취국민운동본부 부산본부 상임집행위원장을 맡아 6월 항쟁에 앞장섰다. 같은 해 대우조선에 다니던 노동자가 거리 시위 중 최루탄에 맞아 사망하자 사인 규명에 나섰다가 노동법의 '제3자 개입 금지'를 위반한 혐의로 구속되어 변호사 업무 정지 처분을 받기도 하였다.

1988년 통일민주당 김영삼 총재의 제의로 정치에 입문, 부산 동구에서 제13대 국회의원 선거에 출마하여 당선되었다. 같은 해 제5공화국비리조사특별위원회 위원으로 활동하면서 정연한 논리와 날카로운 질문으로 증인들을 추궁하여 '청문회 스타'로 떠올랐다.

제14대 국회의원 총선거에서는 정치 1번지인 종로구에 출마하여 이명박 후보에게 패배하여 낙선한 뒤 보궐선거에 출마하여 당선되었다. 제15대 국회의원 선거에서는 한나라당 후보에게 패배하여 낙선하였지만 이때부터 불의와 타협하지 않고 자신의 이익을 앞세우지 않는 그의 선택을 두고 '바보 노무현', '노짱'이라는 별칭으로 부르며, '노무현을 사랑하는 사람들의 모임^{약칭 노사모}'이라는 한국 최초의 정치인 팬클럽이 결성되었으며, 이는 향후 그의 정치적 행보에 큰 디딤돌이 되었다.

2002년 초 국민경선제를 통하여 새천년민주당의 제16대 대통령 후보로 선출되었고, 2002년 11월 18일에는 국민통합 21의 대통령 후보인 정몽준과 후보 단일화에 합의한 뒤, 국민 여론조사를 거쳐 단일 후보가 되었다. 대통령 선거에서 48.91% 지지율을 받아 46.59%를 받은 한나라당의 이회창 후보를 물리치고 당선된 뒤 2003년 2월 25일 제16대 대통령에 취임하였다.

'참여정부'를 표방하며 취임한 지 1년이 지나 대통령의 선거 중립 의무 위반과 측근 비리 등으로 탄핵소추안이 가결되어 국무총리 고건이 직무를 대행하였다. 그러나 이를 반대하는 국민들의 비난이 빗발치고 전국 각지에서 탄핵 반대 촛불 시위가 잇따랐으며, 제17대 국회의원 선거에서 여당인 열린우리당이 과반이 넘는 152석을 차지하는 결과를 낳았다. 또 같은 해 5월 14일 헌법재판소가 탄핵소추안에 대하여 기각 결정을 내림으로써 두 달 만에 대통령직에 복귀하였다.

임기 중 대통령 선거에서 공약으로 내세웠던 '신행정수도 이전'에 대하여 헌법재판소에서 위헌 판결을 내림으로써 타격을 입었다. 이라크 파병과 한미 자유무역협정FTA을 추진하여 지지자들이 등을 돌리는 결과를 낳았으며, 유력 일간신문을 비롯한 언론과 대립하여 임기 내내 언론으로부터 호의적 반응을 얻지 못하는 등 보수 진영으로부터는 친북 좌파라는 비난을, 진보 진영으로부터는 신자유주의자라는 비판에 시달렸다.

대통령 임기 말인 2007년 10월 4일, 대한민국 대통령으로는 분단 후 처음으로 걸어서 판문점을 통과하여 평양을 방문, 북한의 김정일 국방위원장과 남북 정상회담을 열고 '남북 관계 발전 및 평화번영을 위한 선언10 · 4선언'을 발표하였다.

2008년 2월 24일, 대통령 임기를 마친 뒤 고향인 경상남도 김해시 진영읍 본산리의 봉하마을로 귀향하여 오리 농사, 마을 청소에 참여하는 등 평범한 전원생활을 하였다.

그러나 퇴임할 때 대통령 재임 시의 기록물 복사본을 가지고 귀향한 것과 관련하여 '국가 기록물 무단 유출'에 대한 수사를 시작으로 검찰에 의하여 측근과 친형, 부인, 딸 등이 비리에 연루되었다는 의혹이 연이어 불거지면서 청렴했던 '도덕성'에 상처를 입게 되었다.

　전직 대통령으로는 세 번째로 검찰의 소환 조사를 받았으며, 2009년 5월 23일 "나로 말미암아 여러 사람이 받은 고통이 너무 크다."는 내용의 유서를 컴퓨터에 남기고 사저 뒷산의 부엉이바위에서 투신하여 서거하였다.

02 지식인의 자세를 가르친 정약용

문재인은 가치관 형성에 가장 큰 영향을 끼친 사람으로 다산 정약용을 꼽는다. 문재인은 다산에게서 지식인의 자세를 닮고 싶어 한다. 평범한 양반 집안에서 태어난 다산은 18세기 조선 실학을 대표하는 인물이 되었다. 사람들은 태어나서 한 가지도 제대로 완성하지 못하고 사는 경우가 많은데 다산은 수도 없이 많은 분야의 일을 실천해 내었다.

원래는 성리학을 공부하는 유학자이었지만 그는 유학자로 멈추지 않고 사서오경을 연구하는 학자, 예법을 연구하는 학자, 행정가,

교육학자, 사학자, 인문학자, 토목공학자, 기계공학자, 실학자, 지리학자, 의학자, 법학자, 문예비평가의 역할을 수행하였다.

정약용은 경기도 마현지금의 남양주시 조안면 능내리에서 4남 1녀 가운데 4남으로 출생하였다. 그가 태어난 마현은 한강의 상류로 경치가 매우 아름다운 곳이었다.

정약용의 아버지 정재원1730~1792은 32세의 나이에 생원 진사 시험에 모두 합격하였으며, 형조좌랑, 연천현감, 화순현감, 예천군수, 진주목사를 지냈다. 정재원은 고산 윤선도의 손녀인 해남 윤씨海南 尹氏와 결혼하였다. 슬하에는 정약현·정약전·정약종·정약용 등 4명의 아들과 나중에 이승훈의 처가 된 한 명의 딸을 두었다.

정약용의 아버지는 어린 정약용에게 글을 가르쳐 4세 때 《천자문》을 익히게 했고, 6세 때에는 '사서삼경'을 가르쳐 끝낼 만큼 자녀의 학문 연마에 관심을 기울였다. 정약용은 7세에 한시를 지었으며, 10세 이전에 이미 자작시를 모아 《삼미집三眉集》을 편찬했다. 10세 때는 옛 성현들이 유교의 사상과 교리를 써 놓은 책을 읽기 시작하여 정약용은 어릴 적부터 영특하기로 소문나 있었다.

정재원은 관리로서 여러 지역을 다니며 정직하고 모범적인 관직 생활을 했다. 자연스럽게 아버지를 따라 다닌 정약용은 아버지의 관직 생활을 관찰하게 되었다. 나중에 이런 생활은 자신이 관직에 나갔을 때는 아버지를 모델로 삼았고, 《목민심서》의 모델로 삼았다.

정약용은 열다섯 살의 어린 나이에, 아버지가 호조좌랑이 되어 남양주에서 한양으로 벼슬살이 갈 때 따라가게 되었다. 정약용은 풍산 홍씨와 결혼하여 슬하에 6남 3녀를 두었으나, 4남 2녀는 중간에 죽고 학연과 학유, 딸 하나만 살아남았다.

16세부터 성호 이익의 책을 읽으며 22세에 초시에 합격하였고, 당대 최고의 학자들이 공부하던 성균관에 입학하였다. 성균관 재학 시에 이미 정조에게 인정받았고, 28세에 마지막 과거시험인 대과에서 2등으로 합격하여 벼슬길로 나갔다.

정약용은 한양에서 성호 이익의 종손 이가환과 누이의 남편인 매형 이승훈 등을 만나면서 인생의 전환점을 맞게 된다. 남양주의 조그만 시골에서 좁은 세상만을 보았던 정약용은 당대 실학의 최고였던 이익의 학문을 이어받아 발전시키던 이들을 만나 교류하며 실학에 뜻을 두게 되었다.

새로운 지식에 대한 호기심이 많던 정약용은 23세에 일찍 서학에 눈을 뜬 이벽李檗으로부터 서학에 관하여 듣고 관련 서적들을 탐독했다. 정약용은 서학에 심취했으나 이후 제사를 폐해야 한다는 주장과 부딪혀 끝내는 서학에 손을 끊었다고 고백했지만, 천주교 관련 사건이 일어날 때마다 오해를 받았다.

정조가 가장 사랑하는 신하로서 암행어사, 참의, 좌우부승지 등의 높은 벼슬길에 오르며 승승장구하였다. 관직에 있을 때 주교사舟橋司의 배다리 설계, 수원성을 쌓고, 거중기를 만드는 등 빛나는 업적이 많았다.

그러나 결국 천주교 박해 사건인 신유사옥에 연루돼 경상도 장기로 유배를 가게 되었다. 다시 황사영 사건으로 인해 전라남도 강진으로 18년간 유배를 가게 되었고, 셋째 형인 정약전은 흑산도로 유배 가서 죽게 된다.

이 신유박해는 급격히 확대된 천주교 세력에 위협을 느낀 지배 세력의 종교 탄압이었지만, 이를 구실로 노론老論 등 집권 보수 세력이 당시 정치적 반대 세력인 남인을 비롯한 진보적 사상가와 정치 세력을 제거하기 위한 사건이었다.

강진에서 유배생활을 할 때 정약용은, 다른 사람 같으면 의욕을 잃고 삶을 포기했겠지만, 정약용은 스스로 마음을 가다듬고 학문 연구에만 몰두했다. 그 덕분에 강진 일대에서 18년 동안 머물며 정치·경제·지리·역사·문학 등에 관한 책을 530여 권이나 쓸 수가 있었다.

정약용은 강진에서 주막의 뒷방을 '사의재四宜齋'라 이름 짓고 1801년부터 1805년까지 4년을 머물렀다.

1805년 겨울 혜장 스님의 주선으로 강진 읍내 고성사 보은산방
寶恩山房에서, 1806년 가을에는 이학래의 집에 있다가, 1808년 봄에
강진군 도암면 만덕산 기슭으로 자리를 옮기고 초당을 지었다.

그곳이 바로 지금도 유명한 다산초당茶山艸堂이며, 정약용은 1808
년부터 1818년까지 약 10년간을 이곳에서 보냈다. 정약용이 유배생
활을 했던 다산 초당과 백련사를 오가는 길에는 유난히 차나무가
많았다. 만덕산은 차나무가 많아 다산茶山으로 불렸다고 할 정도였
다. 정약용은 이 다산이 좋아 자신의 호를 다산으로 정했다.

1818년 이태순의 상소로 길고 긴 유배생활에서 풀려난 후 고향인
경기도 광주 마현으로 돌아갔다. 그곳에서 정약용은 당파를 떠나
여러 학자들과 교류하며 자신의 학문을 계속 넓혀가다가 1836년
75세의 나이로 세상을 떠났다.

03 백성을 사랑하는 마음을 보여 준 세종대왕

세종대왕은 조선조 제4대 임금으로 조선의 기본을 만든 태종 이방원의 셋째 아들로 태어났다. 성은 전주 이씨이며, 이름은 도祹, 자는 원정元正, 묘호는 세종世宗, 능호는 영릉英陵라 부른다. 이도는 태종 8년에 충녕군에 봉해지고, 태종 12년에 충녕대군에 임명된다.

태종은 왕위를 물려주기 2개월 전 조정의 대신들이 장자인 세자 양녕대군의 잘못을 문제 삼아 폐위시키고, 셋째 아들인 충녕대군을 세자로 책봉하였다. 1418년태종 18년 8월 22일 22세의 나이로 태종의 양위를 받아 경복궁 근정전에서 즉위하였다.

세종은 왕위에 올라 집현전을 궁중에 설치하여 학자를 키우고, 학문을 숭상하며, 옛 제도를 연구 검토하게 함으로써 정치와 문물 제도를 정리하고 행정 체제를 확립하였다. 그뿐만 아니라 역사, 지리, 정치, 경제, 천문, 도덕, 예의, 문자, 운학, 문학, 종교, 군사, 농사, 의약, 음악 등에 관한 각종 저서를 편찬하게 함으로써 문화생활에 막중한 지침서가 되게 하였다.

한편 주자소鑄字所를 설치하여 새 활자를 만들고 판짜기를 개량하여 인쇄 능률을 올렸다. 새로 주조한 활자는 동활자인 경자자庚子字, 갑인자甲寅字와 납활자인 병진자丙辰字와 효시의 한글 활자가 그것이며, 이 중 갑인자와 한글 활자는 아름답기로 유명한 활자들이다.

세종은 과학에도 해박한 지식을 가지고 있어 천체를 측정하는 혼천의와 간의, 물시계인 자격루를 만들고, 해시계인 앙부일구를 발명하고, 강우량 측정기인 측우기와 하천수를 재는 수표를 발명하였다. 그중 측우기의 발명은 서양의 측우기1639보다 거의 200년 앞선 세계 최초의 것이다.

국방을 강화하기 위해서 화전, 화포를 개량하여 우리나라 무기 사상 일대 혁신을 가져왔다. 도량형무게, 길이, 부피의 단위의 고정 실시로 거래의 공정을 기하고, 경제적인 정책을 비롯한 여러 가지 정책상의 제도 마련 기준에 공헌하였다.

《농사직설》을 편찬 반포케 하여 농업 발전에 기여하고, 조세제도를 개선해 백성들의 조세에 대한 부담을 줄이고 조선조 500년 간의 조세제도를 확립하였다.

의료기관을 정비하고, 《향약채취월령》, 《향약집성방》, 《의방류취》 등의 의서를 편찬하여 향약鄕藥을 개발함으로써 의료 활동의 합리화를 기하였다. 죄수들의 건강을 염려하여 감옥 시설을 개선해 주는 한편, 형을 남발하는 것을 금하고 억울하게 죽는 이가 없게 하기 위하여 재판을 3번 받도록 하였다. 그리고 인체의 중요 기관을 치는 고문을 엄금시켰다. 법의학서인 《신주무원록》을 편찬 발간함으로써 살인 사건이 생겼을 때에는 살상 검증殺傷檢證에 관한 검시檢屍의 제도를 실시하게 하여 억울하게 피해를 당하는 사람이 생기지 않도록 하였다.

15세 미만인 어린이와 70세가 넘는 노인은 살인죄나 강도죄가 아니면 가두지 못하게 하고, 10세 이하와 80세 이상인 이는 사형에 해당되는 죄를 범했더라도 가두지 못하게 하였으며, 천민인 노비를 하늘이 낸 백성으로 인정해 주었다. 관비官婢의 출산 휴가를 대폭 늘려 주었다.

세종 25년1443에는 친히 훈민정음을 창제하여 반포하였으며, 《용비어천가》, 《석보상절》을 짓게 하였다. 한편 스스로 《월인천강지곡》을 지어내기도 하였고, 한문으로 된 경서經書와 문학서 및 불경을 번역하게 하였으며, 또 이과吏科와 이전吏典 시험에 '훈민정음'을 시험 과목으로 정하는 등 훈민정음 보급에 크게 힘썼으니, 우리 문자 생활에 일대 혁신을 가져오게 하였다.

박연을 시켜 향악과 아악을 짓거나 정리하고, 편경과 편종 등의 악기를 제작하게 하여 음악을 한 단계 더 발전시켰다. 역사 의식을 고취시키기 위하여 《고려사》 등을 편찬하고, 《효행록》과 《삼강행실도》를 지어 예절을 중시하였다.

종교에 있어서도 유교를 장려하여 도의 정치를 구현하는 한편 세종은 경복궁 안에 내불당內佛堂을 짓고, 불교 서적의 국역 간행 배포와 과거 승과僧科를 설치하는 등 불교 발달에 노력하여 유교와 불교 내지 도교道敎가 조화된 찬란한 문화를 이룩하게 되었다.

이종무로 하여금 대마도를 토벌하게 하여 항복을 받음은 물론 경상도에 예속시켰고, 최윤덕에게 명하여 파저강 일대의 야인들을 토벌하여 사군四郡을 설치하고, 김종서로 하여금 동북 변경 지방의 여진족을 토벌하여 육진六鎭을 설치함으로써 동북과 서북쪽의 땅을 압록강과 두만강을 경계로 확장, 우리 강토의 방비를 튼튼히 하였다.

나라 안의 지리를 조사하게 하여 지리지地理志를 편찬하게 하고,

실측 지도를 제작하게 하였으니, 그것이 정척과 양성지 등에 의해서 세조 9년1463에 편찬된 '동국지도東國地圖'이다. 이렇듯 세종은 겨레 생활을 존중하는 모든 제도의 완성을 이루어 모든 분야에서 황금시대를 이룩하였다.

이렇게 다양한 분야에서 초인적인 연구를 해나가다 보니 세종은 일찍부터 육체의 한계를 느껴야 했다. 30대 초반부터 체력이 약해져 온종일 앉아서 정사를 볼 수 없을 정도라고 기록되어 있다. 1440년부터는 독서도 거의 못했던 듯하다.

지칠 줄 모르는 열정으로 여러 가지 병에 시달리면서도 새로 편찬된 책들을 수십 권씩 직접 검토하던 세종은 1450년 2월 54세로 세상을 떠났다.

04 지도자로서의 리더십을 보여 준 백범 김구

백범 김구는 자신의 전 생애를 조국과 민족을 위해 바친 겨레의 스승으로 유명하다. 김구는 《백범일지》를 통해서 자신의 행적을 적었기 때문에 비교적 다른 위인들에게 비해서 이야깃거리가 정확하고 내용 또한 많다.

백범 김구는 강화도 병자수호 조약을 체결하던 해에 황해도 해주의 가난한 농사꾼 김순영, 곽낙원 부부의 장남으로 태어났다. 9세에 한글과 한문을 배워 《통감》, 《사략》, 병서, 《대학》, 당시 唐詩를 배웠으며 17세에는 과거에 응시했다가 낙방하였다. 미리 합격자를 정해 놓을 정도로 타락한 조선 말기의 과거제도는 김구에게 사회 개혁 의지를 심어주었다.

1893년 동학에 입도한 후 이름을 창수昌洙라 개명하고 그 이듬해에는 18세의 나이에 팔봉접주로 임명되었다. 동학농민운동이 일어나자 황해도 동학군의 선봉장으로 활약하였으나 결국은 패배하였다. 20세에는 압록강을 건너가, 만주에서 김이언이 지휘하는 의병단에 참가하여 활동하였다.

1896년에는 일본인에게 시해당한 명성황후의 원수를 갚고자 치하포에서 일본군 장교 스치다를 살해한 혐의로 체포되어 사형에 처해지게 되었으나, 고종이 사형을 보류시켰다. 탈옥 후 공주 마곡사의 승려가 되었으나 적성에 맞지 않아 1899년 환속하였고, 황해도 각지에 학교를 설립하는 등 신교육 운동에 노력하였다.

1903년에는 감리교에 입교하였고, 1905년에는 을사조약 무효 투쟁을 벌이는 등 국권 회복 운동을 전개하였다. 1907년에는 국권 회복 운동을 위해 신민회에 가입하여 황해도 총감으로 활동하다가 1911년 안악 사건으로 수감되었다. 1915년 출옥한 후에는 동산평 농장의 농감으로서 농민 계몽 운동을 전개하였다.

1919년 3·1 운동이 일어나자 중국 상하이로 망명하여 대한민국 임시정부에 참여한 후 경무국장, 내무총장, 국무령 등을 역임하였

 원칙의 힘으로 시대를 열어가는 문재인 리더십

다. 또한, 한인애국단이라는 무장 독립운동 조직을 만들어 이봉창 의사의 의거 및 윤봉길 의사의 훙커우공원 의거 등을 지휘하였다. 1940년에는 미군의 협조를 받은 광복군을 조직하여 군사 활동을 전개하였으며 1944년 임시정부 주석으로 취임하였다. 그러나 공산 당원에게 총격을 받아 사경을 헤매기도 하였다.

1945년 11월, 김구는 임시정부 주석의 자격으로 귀국을 시도하 였으나 미국 군정의 반대로 개인 자격으로 귀국하여 주한미군 사령 관 하지와 마찰을 빚었다. 반탁 운동을 전개하며 조국의 자주독립 을 위해 헌신하였다.

1948년, 남한만의 단독 총선거를 시행한다는 국제연합의 결의 에 반대하여 통일 정부 수립을 위한 남북 협상을 제창하여, 북행길 에 올랐으나 성과를 얻지 못했다. 이후 이승만이 남한의 초대 대통 령으로 당선되면서 김구는 이승만 정부와 대립하는 관계가 되었다. 결국 1949년 6월 26일 경교장에서 73세의 나이에 육군 포병 소위 안두희에게 암살당하여 국민을 슬픔에 빠지게 하였다.

백범의 73년의 삶은 한국 근현대사의 발자취와 함께 하고 있다. 더구나 그가 출생한 1876년부터 타계하는 1949년까지의 시기는 외 세에 의한 간섭과 지배로 어지러운 혼란의 시기였다. 김구 선생이 살아온 일생을 추적해 보면 도저히 한 사람의 삶이라고는 믿어지지 않을 정도로 다양하고 파란만장한 일생을 보냈다.

김구 선생의 복잡다단한 삶을 한마디로 표현한다면 편안한 삶을 버리고 일제의 침략 아래 신음하는 우리 민족의 살길을 열고자, 해방된 통일 조국 건설에 혼신의 힘을 다하시다 끝내 비명에 가신 근대 한민족의 큰 스승이라고 할 수 있다.

 원칙의 힘으로 시대를 열어가는 문재인 리더십

05 정신적 스승인 리영희

리영희 선생은 정말 양심적인 지식인이었다. 그는 서슬 퍼렇던 독재 시대에 누구보다 앞장서서 민주주의 정착을 위해 노력하고, 독재 정권의 부당함에 대해 지적하고 투쟁하였으며, 서슬 푸른 독재 시대가 막을

내렸을 때는 지나간 과거에 대해 가타부타 말을 하지 않았다.

리영희 선생은 투옥과 해직이라는 숨막히는 고난의 길 위에서 자신의 정치적 소신을 굽히지 않아 우리나라 지식인들은 행동하는 지식인이라고 존경하고 따랐다.

리영희 선생은 1929년 12월 2일, 평안북도 운산군 북진면에서 태어났다. 1942년 경성공립공업고등학교를 거쳐 1950년 한국해양 대학교 항해과를 졸업하였다. 안동공립중학교 영어교사로 재직 중 6·25 전쟁이 일어나자 입대하여 유엔군 연락장교단에서 통역관으로 근무하였다.

1953년, 마산 육군군의학교로 배속되었다가 1954년 부산에서 제5관구 사령부에 배속되어 미군과 유엔군이 사용하는 부동산을 관리하는 업무를 하였다. 1956년 윤영자 씨와 결혼하였으며, 1957년 육군 소령으로 예편했다.

군 제대와 동시에 1957년 합동통신 외신부 기자로 입사하여 언론 활동을 시작하였고, 1959년 풀브라이트 장학금을 받아 미국 노스웨스턴대학교에서 1년간 언론학 연수를 받았다.

1961년, 박정희 국가재건최고회의 의장이 미국을 방문하여 캐네디 대통령을 만날 때 수행기자로 동행하였다. 이후 합동통신 정치부 기자로 활동하다가 1964년 조선일보로 자리를 옮겨 외신부 부장을 지냈다.

1967년, 베트남 전쟁에 대한 비판적인 기사를 작성했다가 강제 해직되었으며, 1970년 합동통신 외신부장으로 옮겼다. 하지만 1971년 박정희 군부 독재와 학원 탄압에 저항하는 지식인 64명에 가담하여 다시 해직되었다.

1972년, 한양대학교 신문방송학과 조교수 겸 중국문제연구소 연구교수로 재직 중 사회비평서 《전환시대의 논리》1974를 집필, 출간하였다. 이 책은 박정희 유신 체제를 정면으로 비판하여 사회적인 반향을 불러일으켰으며 지식인들에게 필독서로 회자되었다.

문재인은 하숙집에서 저녁마다 이어지던 타 대학 친구들과의 '시국 토론'에서 현실에 대한 비판의식을 키워갔다. 리영희의 논문 〈베트남 전쟁〉을 읽은 것도 그즈음이었다. 미국과 우리 사회의 허위의식을 통렬하게 비판한 글에서 전율을 느꼈다. 이후부터 문재인은 리영희를 정신적 스승으로 생각하기 시작하였다.

1976년, 교수 재임용 제도로 인해 강제 해직되었으며 사회비평서인 《우상과 이성》1977, 《8억인과의 대화》1977를 출간하였다. 하지만 그의 저작물이 반공법 위반으로 지목되어 구속되었으며 2년간 광주교도소에서 복역하였다.

1980년 3월, 교수직에 복직했으나 광주민주화운동이 일어나자 배후 조종자 혐의를 받고 구속되었다. 그해 7월 다시 해직된 뒤 1984년 복직하였고 《분단을 넘어서》1984, 《80년대 국제정세와 한반도》1984를 출간하였다.

1985년, 일본 도쿄대학교 초청으로 사회과학연구소 객원교수로서 연구했으며, 1987년 《역설의 변증》₁₉₈₇을 발표하였고 미국 버클리대학교 아시아학과 부교수로 임용되어 두 학기 동안 '평화와 투쟁Peace and Conflict' 이라는 제목의 특별 강좌를 열었다.

1988년, 한겨레신문사 비상임이사 및 논설고문이 되었으며 광주민주화운동의 미국 책임 문제를 두고 주한미국대사 릴리와 논쟁을 벌였다. 1989년, 주한 외국언론인협회가 수여하는 언론자유상Press Freedom Award을 수상하였다. 그해 한겨레신문 창간 기념으로 방북 취재를 기획하였다가 국가보안법 위반으로 체포되어 160일간 복역하였다. 이후 《자유인, 자유인》1990, 《인간만사 새옹지마》1991, 《새는 좌우의 날개로 난다》1994 등의 저서를 발표하였다.

1995년, 한양대학교에서 정년 퇴임하고 그해 한길사 학술 분야 '단재상' 을 수상했다. 문익환 목사 기념사업회가 수여하는 '늦봄 통일상' 을 수상했고, '만해상' 을 수상했다. 2000년 11월, 뇌출혈로 쓰러져 투병 생활과 건강 회복에 전념하였으며 2005년 자서전 《대담》을 발표하였다.

2010년, 지병으로 타계했다. 장례는 민주사회장으로 치러졌고 광주 5·18 국립 묘지에 안장되었다.

06 대통령의 갈 길을 알려주는 프랭클린 루즈벨트

프랭클린 루즈벨트는 미국의 제32대 대통령재임 1933~1945으로서 대통령 재임 시절 강력한 내각을 조직하고 경제 공황을 극복하기 위하여 뉴딜정책*을 추진하였다. 외교면에서는 호혜통상법, 선린 외교 정책을 추진하였으며 먼로주의*를 주장하였다. 제2차 세계대전 중에는 연합국 회의에서 지도적 역할을 다하여 전쟁 종결에 많은 노력을 기울였다.

* 뉴딜정책 : 루스벨트의 지도 아래 대공황을 극복하기 위해 추진하였던 여러 가지 정책

* 먼로주의 : 러시아의 태평양 진출과 독립 직후의 남미 여러 나라에 대한 유럽으로부터의 간섭에 대처하기 위하여, 영국이 공동 선언을 제의한 데 대하여 미국이 독자적으로 선언을 발표한 것을 말함. 내용은 ① 미국의 유럽에 대한 불간섭의 원칙, ② 유럽의 미국 대륙에 대한 불간섭의 원칙, ③ 유럽 제국에 의한 식민지 건설 배격의 원칙 등 3개 원칙을 분명히 하였다.

루즈벨트는 뉴욕 주州 하이드 파크의 부유한 가정에서 출생하여 미국의 명문인 하버드대학교를 졸업하였다. 그리고 1904년 컬럼비아대학교에서 법률을 공부하여 변호사 개업을 하였다.

1910년, 뉴욕 주의 민주당 상원의원으로 당선되어 정계에 진출했다. 의원이 된 루즈벨트는 정치적 부패를 강력히 비난하여 당수와 맞서 혁신파를 주도하고 정화운동에 앞장섰다. 1884년 일시 정계를 물러나 서부 지역의 목장에서 집필을 하다가, 1889~1894년 관리제도 개혁위원회 위원을 지냈고, 이어 뉴욕 시市의 경찰총장으로 임명되어 정계의 숙정에 노력하였다. 이후 윌슨의 대통령 선거를 지원해주고, 해군차관보로 임명되어 제1차 세계대전에서 활약하였고, 베르사유회의*를 수행하였다. 미국-스페인 전쟁이 발발하였을 때는 관직을 사임하고 의용군을 조직하여 쿠바에 출정하여 일약 국민적 영웅이 되었다.

1920년, 민주당 부통령 후보로 지명되었으나 선거에 패하여 다시 변호사로 일하였다. 1921년, 39세의 나이에 소아마비에 걸렸다.

---

* 베르사유회의 : 제1차 세계대전 종료 후, 전쟁에 대한 책임과 유럽 각국의 영토 조정, 전후의 평화를 유지하기 위한 조치 등을 협의하기 위한 2년간의 회의 전부를 가리킨다.

 원칙의 힘으로 시대를 열어가는 문재인 리더십

치료 후 체력이 회복되자 1924년 정계로 복귀하였다. 1928년 뉴욕 주지사에 당선되어 2기期를 재임하였다.

1932년, 민주당 대통령 후보로 지명되자, 그 지명 수락 연설에서 '뉴딜New Deal'을 선언하였다. 1929년 이래 몰아닥친 대공황으로 천 수백만에 달하는 실업자를 배출하고 있던 당시 미국의 사정으로서는 뉴딜정책을 대환영하였고 마침내 당선되었다.

대통령 취임 후에는 강력한 내각을 조직하고 경제 공황을 극복하기 위하여 뉴딜정책을 추진하였다. 농업의 구제와 통제, 공공사업의 촉진, 정부 재정의 절약 및 행정의 과감한 개혁 등으로 성공을 거두어, 국민생활은 점차 안정되어 갔다.

외교면에서는 국제 무역의 불균형을 시정하였고 남미에 대해서는 우호적인 선린 외교 정책善隣外交政策을 추진하였다.

1936년 대통령에 재선되었고, 1940년 3선되었다. 제2차 세계대전 초기에는 중립을 선언하였으나 후에 적극적으로 영국과 프랑스를 원조하였다. 1941년, 일본의 진주만 공격을 계기로 참전하였다.

대서양 헌장의 발표를 비롯하여 카사블랑카 · 카이로 · 테헤란 · 얄타 등의 연합국 회의에서 전쟁의 결정적 지도권을 장악하여 영국의 총리 처칠과 긴밀한 연락을 취하면서 지도적 역할을 다하고 전쟁 종결에 많은 노력을 기울였다.

05

책에서 배운다

책에서 배운다

　인류의 역사나 개인의 발전은 책에 의해 발전해 왔다고 해도 과언이 아니다. 세계 최고의 갑부인 마이크로소프트의 빌 게이츠도 동네의 작은 도서관이 지금의 나를 만들었다고 하여 독서의 중요성에 대하여 강조하였다.

　인생의 밑바닥에서 가장 성공한 여성으로 손꼽히는 토크쇼의 여왕 오프라 윈프리도 독서로 인하여 지금처럼 성공하게 되었다고 한다.

　문재인도 독서를 통해서 세상을 배웠다. 문재인의 가장 기본적인 지식 추구 수단은 다름 아닌 책에 있었다. 책을 통해 미지의 세계에 대한 탐색을 해두면, 새로운 세계로 도전하는 데 자신감이 생기며 발을 들여 놓을 용기도 생겼던 것이다.

　독일의 문호 마르틴 발저는 "우리는 우리가 읽은 것으로부터 만들어진다."고 했다. 문재인도 그랬다. 문재인도 자신을 '끊임없이 독서하고 학습하는 사람'이라고 정의할 만큼 많은 것을 독서로부터 얻고 채워 왔다.

　문재인은 스스로 책벌레라고 할 만큼 독서광이었다. 문재인은 새로운 도전에 앞서 항상 먼저 그와 관계된 책을 읽었다.

　　문재인을 중학교 시절 어려운 환경 속에서 구원해준 것은 바로 '책'이었다. 아버지가 사준 책을 다른 책을 사올 때까지 두 번, 세 번 읽었다. 문재인의 이러한 독서를 통한 학습 습관은 학창시절만이 아니라 지금도 그렇다.

01 다산 정약용 유배지에서 만나다

《다산 정약용 유배지에서 만나다》는 다산 정약용의 일생 중 가장 큰 시련이자, 학문에 정진하여 '다산학'을 이루는 전남 강진의 유배생활을 중심으로 출생부터 사망에 이르는 그의 인생을 기록하고 있다.

원래는 성리학을 공부하는 유학자이었지만 그는 유학자로 멈추지 않고 사서오경과 예법을 연구하는 학자, 행정가, 교육학자, 사학자, 인문학자, 토목공학자, 기계공학자, 실학자, 지리학자, 의학자, 법학자, 문예비평가의 역할을 수행하였다. 그리고 생전에 530여 권의 저서를 집필하여, 할 이야기도 많은 인물이다.

이 책의 특징은 다산의 성장 배경이나 업적을 다루기보다는 모두 다산의 글들을 소재로 하고 있다는 점이다. 실제로 다산이 살아 있으면서 작성한 상소문이나 시는 물론이고, 자녀들이나 친우들에게 보낸 편지들도 함께 다루고 있어서, 사실감을 더하는 동시에 '글에서 나타나는' 다산의 인품이나 사고 등을 알 수 있어서 좋은 책이다.

다산은 정조에게 촉망받는 인재였지만 정조가 죽고 나서 신유박해로 인하여 유배생활을 시작하였다. 이 책에서는 다산이 느꼈던 인간적인 고뇌가 배어 있다. 또한, 그가 관리로서 근무하던 중 있었던 일화에 관한 이야기들이나, 서학에 대해서 취한 입장에 대해서도 서술하였다. 이 책은 지금까지 알려진 다산의 근엄하고 위대한 업적이기보다는 같은 시대를 사는 선생님이나 아버지로서 다가와 더욱 인간적인 모습을 볼 수 있다.

다산 정약용은 참으로 인간다운 사람이었다. 귀양지에서 어린 막내아들의 죽음을 듣고 한없이 눈물을 흘리며 목메어 울기도 하고, 자신보다 더 훌륭한 학식과 인품을 지니고도 더 외롭고 쓸쓸하게 유배살이를 하다 세상을 떠난 둘째 형 정약전의 부음에 통곡하며 형님이 그리워서 애태우기도 했다. 병들어 굶어 죽어가는 백성의 참담한 모습을 보고 삶의 의욕마저 잃었던 그의 뜨거운 인간애에 대해 마음을 기울여야 한다.

이 책에서는 다산의 인간적인 면만 나타낸 것이 아니라 세상은 썩어버린 지 이미 오래며, 썩어 문드러졌다고 거듭 개탄하는 마음도 적었다. 다산은 전 생애를 통해서 어지러운 세상을 구하기 위한 참고서로 530여 권의 저술을 남겼다. 현실에 활용하면 부패와 타락을 막을 수 있다고 생각되는 개혁안을 마련해 두었으니, 그것이 바로 다산의 개혁사상이요, 실학사상이었다.

02 전환시대의 논리

1960년대 말부터 1970년대 초는 말 그대로 세계 정세가 급격히 전환되는 시대였다. 저자 리영희 선생이 이러한 전환의 시대에 어떠한 시각으로 세계, 특히 아시아를 바라봐야 하는 것인가에 대해 객관적 사실과 날카로운 시각으로 적은 책이다. 이 책의 내용은 6부로 구성돼 있다. 주 내용은 중국과 일본의 정치 역학, 베트남 전쟁의 실상을 미국과의 관계 속에서 실증적으로 따져보는 내용으로 되어 있다.

중국에 관한 논문을 모은 2부는 장개석의 국민당정부와 공산당의 국공 합작에서 시작해 한국전쟁 개입과 장쩌민 중국 주석의 과도 집단지도체제에 이르기까지 중국의 실체를 낱낱이 파헤쳤다.

3부는 일본에 대한 내용으로 일본 자위대가 다시 군국주의로 부활하려는 의도를 지적하였으며, 미국과의 외교 관계에서 아시아에서 일본이 주도적인 역할을 하려는 움직임을 정확하게 지적하였다.

이 책에서 가장 논란이 된 부분은 4부에 포함된 베트남 전쟁에 대한 분석이다. 미국을 중심으로 하는 자유세계에 대항한 월맹군의 전쟁에서 베트남의 프랑스를 대상으로 투쟁한 베트남의 식민지 해방전쟁까지 거론하고 있다.

이 책은 박정희 정권이 영구 집권을 위해 유신헌법을 제정하고 국민의 민주적 권리를 박탈하는 것을 본격화하던 1974년 봄에 출간되었다. 1970년대 당시 현대사와 국제 정치의 현실을 보는 우리의 시각에 '코페르니쿠스적 전환'을 불러일으킨 책이다.

《전환시대의 논리》는 사회주의 중국을 바라보는 왜곡된 시각을 교정하고, 베트남 전쟁, 일본의 재등장, 한미 관계 등을 새로운 시각에서 분석함으로써 냉전적 허위의식을 타파하는 현실 인식, 편협하고 왜곡된 반공주의를 거부하는 넓은 세계적 관점, 냉철한 과학적 정신을 계몽하고 민주적 시민운동에 앞장서는 이론적 역할을 수행했다는 평가를 받았다. 이 책은 신문기자인 저자의 날카로운 시각이 전반적으로 나타나 있어 당시 한국의 현실적 문제점을 깨닫는 데 결정적인 역할을 했다.

저자 리영희는 이 책을 비롯해서 몇 권의 책을 출간했다는 이유
로 반공법 위반 혐의로 기소되어 2년간 옥살이를 하였다. 그래서
당시 유신 시대에는 《전환시대의 논리》가 대표적인 금서 목록에 오
르기도 했다.

03 난장이가 쏘아올린 작은 공

《난장이가 쏘아올린 작은 공》은 1970년대 우리 사회의 단편을 현실적으로 보여준 한국문학의 대표 소설이다. 이 책은 1978년 6월 초판이 발행된 이래 1996년 4월 100쇄를 돌파하기까지 장장 18년간 40만 부가 팔렸다. 이 책은 최인훈의 《광장》과 함께 우리 문단 사상 가장 오래도록 팔린 스테디셀러로 꼽힌다.

작가 조세희는 사람이 태어나서 누구나 한번 피 마르게 아파서 소리 지르는 때가 있는데, 그 진실한 절규를 모은 것이 역사요, 그 자신이 너무 아파서 지른 간절하고 피맺힌 절규가 《난장이가 쏘아올린 작은 공》이었다고 말한다. 작가는 이 책을 쓴 후 또다시 침묵으로 돌아갔다. 마음대로 말하지도 못하고 글을 쓸 수도 없었던 5공화국의 억압적 분위기 아래서 그가 더 쓸 수 있는 글은 없었기 때문이다.

이 책을 오랜 세월이 흐른 후에도 사람들이 책을 찾는 이유는 시대의 문제를 정확히 지적하고, 인간의 마음에 가까이 다가갔기 때문이다.

이 책의 특징은 대규모 공장 노동자들을 괴롭히는 억압과 착취의 실태를 정면으로 문제 삼았으며, 도시 빈민의 삶을 사실적으로 그려냈다. 읽을수록 복잡한 구조와 시점 때문에 많은 생각을 하게 하지만 노동자의 열악한 작업 환경, 저임금, 고용자로부터 계속해서 강요받고 있는 부당한 노동 시간과 그에 불합당하게 받는 대우 등과 관련된 문제를 난쟁이 3남매의 시점을 통해 각각의 상황을 느낄 수 있다.

04 위기는 왜 반복되는가

로버트 라이시는 미국 진보 진영의 대표적 정치경제 학자로 1980년대 하버드대학교 교수 시절부터 성장에 있어 일자리가 중요하다고 역설했다. 그가 2010년 9월 내놓은 저서 《위기는 왜 반복되는가》는 2008년 금융위기의 후폭풍을 다뤘다.

라이시는 이 책에서 이렇게 말했다. "미국 역사에서 두 번의 큰 경제 위기가 있었다. 1929년의 대공황과 2008년의 경기 침체다. 그 두 차례 위기의 원인을 분석했다."

위기가 발생한 이유로 라이시는 상류층에 부富가 지나치게 집중되고 중산층에 부가 고루 나뉘지 않았을 때 그런 위기가 발생한다고 보았다. 그가 예측한 후폭풍은 미국 사회에서 차례차례 현실화되었다.

또한, 라이시는 소득과 부의 격차로 인한 중산층의 상대적 박탈감 때문에 '혼돈의 경제학과 분노의 정치학'이 득세할 것이라고 예상했다. 그가 책에서 말한 '부의 불균형에 대한 대중의 분노'는 "월가를 점령하라! Occupy the wallsteet!" 구호를 내세운 시위로 나타났다.

불균형 해소 해법의 하나로 제시한 '부자에 대해 세금을 더 걷자'는 안은 '버핏세'라는 형태로 미국 의회에서 논의됐다.

라이시는 현재의 금융 위기 상황이 1920년대 말 발발한 대공황기와 비슷하다고 주장했다. 상위 1% 계층으로의 부의 집중, 주식과 부동산 거품, 중산층의 붕괴 같은 것들이다. 라이시는 여러 저서와 논문을 통해 "원하는 사람은 모두 일하고, 원만한 생활에 필요한 돈을 벌며, 좋은 교육을 받을 수 있어야 한다."라고 누차 강조해 왔다. 그냥 일자리가 아니라 '충분한 소비를 보장하는 양질의 일자리'가 성장을 이끈다는 것이다. 그래서 비정규직 등 근로자의 실질 임금을 올려서 구매력을 늘려야 경제가 활성화된다고 보았다. 또한, 국가가 할 일은 직업훈련 등 교육이라는 것이 그의 주장이다. 라이시의 이런 생각은 국내 정치권에서도 큰 화제가 됐다. 많은 정치인들이 경제 분야의 해법을 구할 때 이 책을 읽는다. 문재인도 이 책을 통해서 감명을 받았으며 정치하는데 도움을 받았다.

05 3차 산업혁명

《3차 산업혁명》은 세계적인 행동주의 철학자인 제레미 리프킨Jeremy Rifkin이 지은 책이다. 제레미 리프킨은 자연과학과 인문과학을 넘나들며 자본주의 체제 및 인간의 생활 방식, 현대 과학기술의 폐해 등을 날카롭게 비판해 왔다.

제러미 리프킨은 에너지가 화석 연료 중심에서 지속 가능한 에너지로 교체되는 과정에서 3차 산업혁명이 일어날 것이라고 예견하고 있다. 지난 십수 년간 인터넷 네트워크의 급격한 발달을 두고 '정보 혁명'이라고 부르지만 결코 산업

혁명이라고 하지 않는다. 정보화 역시 기존의 화석 연료 체계에 기반한 발전이었기 때문이다.

하지만 3차 산업혁명은 에너지의 종류뿐만 아니라 체제 또한 분산형으로 바뀔 것이기 때문에 미래 사회에 광범위한 파급 효과를 가져다 줄 수 있다. 본문에서 언급된 3차 산업혁명의 진행 단계는 다음과 같다.

1. 탄소에 기초한 화석 연료 에너지 체제에서 새로운 재생 가능 에너지 체계로 전환한다.

2. 모든 건물과 주택을 미니 발전소로 변형하여 재생 가능 에너지를 현장에서 생산한다.

3. 모든 건물과 사회 인프라 전체에 수소 또는 여타의 저장 기술을 보급하고 불규칙적으로 생산되는 재생 가능 에너지를 저장하여 지속적이고 신뢰할 수 있는 녹색 전력의 공급 체계를 확보한다.

4. 인터넷 커뮤니케이션 기술을 이용하여 전기 그리드를 지능형 공익사업 네트워크로 전환함으로써 수백만 명이 주거지나 건물에서 직접 생산한 녹색 전력을 그리드로 보내 오픈 소스 공유 공간에서 다른 사람과 나눠 쓰도록 한다.

5. 승용차와 버스, 트럭, 기차 등 모든 교통수단을 수백만 개의 건물에서 생성된 재생 가능 에너지에 의존하는 전원 연결 및 연료전지 차량으로 교체하고 국가 및 대륙 전반에 충전소를 설치하여 사람들이 분산형 전력 그리드에서 전기를 사고팔 수 있게 한다.

리프킨은 이 책에서 앞으로 석유 시대의 패러다임에 미련을 두고 있다가는 전 지구적인 변혁의 흐름에서 밀려날지도 모르기 때문에 지금부터 준비하지 않으면 안 된다고 주장하고 있다.

 원칙의 힘으로 시대를 열어가는 문재인 리더십

06 맹자 사람의 길

저자 도올 김용옥은 국립대만대학 철학과에서 노자철학으로 석사를, 일본 동경대학 중국철학과에서 석사를, 그리고 미국 하바드대학에서 《주역》 해석을 둘러싼 문제들을 동·서 고전 철학의 다양한 시각에서 분석하여 박사학위를 획득하였다.

도올 김용옥은 《맹자》를 출간함으로써 이미 출간된 《논어》, 《대학》, 《중용》의 한글 역주와 함께 사서 四書를 완역했다. 중국과 일본은 민본을 부르짖는 맹자를 좋아하지 않았지만 조선왕조는 유별나게 《맹자》를 사랑했다. 한국인의 대의 大義를 존중하는 지사적 기질, 권력에 불복하는 혁명적 기질, 선비의

위엄 등도 모두 《맹자》에서 유래하고 있다고 이 책은 말한다.

김용옥은 《맹자 사람의 길》이란 작품을 통해서 누구나 쉽고 부담 없이 읽을 수 있도록 《맹자》를 한국인의 일상적 삶 속에서 온전하게 재구성해 놓았다. 그 재구성이란 결국 우리 곁에서 살아 움직이는 '맹자'라는 인간을 재구성하였다.

《맹자》와 여러 고전을 유기적으로 연결해 일상의 언어로 되살려 낸 이 책은 일반적인 말씀의 모음집이 아닌 쌍방적 대화의 기록이자 맹자와 그를 따르는 집단과 투쟁의 역사를 통해 춘추전국 시대상의 리얼리티를 보다 정확하게 읽어내 역사적 맹자를 재발견해 냈다.

맹자는 B.C. 320년부터 B.C. 305년까지 15년의 공직을 살았다. 그 기간 여러 나라의 전쟁으로 말미암은 어지러운 사회 현실을 한 몸으로 체험하면서 왕도의 통일을 이룩하려고 노력했다. 맹자가 생각한 왕도의 통일은 전쟁으로 하는 무력 통일이 아니라 도덕에 의한 자발적 통일이었다. 만약 맹자의 이상이 실현되었다면 중국은 전혀 다른 모습으로 발전했을 것이다.

김용옥은 우리가 사는 21세기야말로 혼란스러운 전국과 같은 시대라고 보았다. 따라서 어떤 때보다 맹자의 가르침이 필요하다고 느꼈고, 맹자를 다시 살려 우리가 사는 세상에 맹자가 살았다면 그의 왕도정치는 어떠했는지를 적은 책이다.

 원칙의 힘으로 시대를 열어가는 문재인 리더십

07 나의 문화유산 답사기

《나의 문화유산 답사기》는 "우리나라는 전 국토가 박물관이다.", "문화는 아는 것만큼 보인다."라는 화두를 던지며 1993년 이후 지금까지 스테디셀러가 되었다. 《나의 문화유산 답사기》는 문화재 전반에 걸쳐 개인적 생각을 펼친 유홍준의 대표작이다.

미학을 전공한 저자는 우리 문화유산에 대해 미적, 예술적, 감각적, 지적으로 서술함으로써 독자들로 하여금 스스로 우리 문화에 대해 무지했었음을 반성하게 해주기도 했다.

유홍준의 《나의 문화유산 답사기》는 전통문화의 훼손과 사라져만 가는 소중한 가치들을 한탄하는 저자의 안타까운 심경이 페이지마다 서려 있다. 많은 국민에게 우리의 소중한 문화유산에 관심을 갖기 시작하게 하는 동기를 부여했다는 측면에서 그 의의가 사뭇 크다고 할 수 있다.

이 책이 꼭 학문적 지식만을 담고 있어서 재미있는 것은 아니다. 이 책에는 문화재를 보는 지은이의 따뜻한 시선이 곳곳에 담겨 있다. 이런 마음이 있었기에 이렇게 해박한 지식을 갖게 되었겠지만, 문화재에 대한 지식보다도 문화재를 아끼는 마음이 훨씬 큰 듯하다. 책 곳곳은 지은이의 우리 문화유산에 대한 넘쳐나는 사랑의 표현으로 가득히 채워져 있다.

08 조선풍속사

《조선풍속사》는 부산대학교 한문학과 강명관 교수가 조선 풍속 기행으로 초대하는 내용으로 참신한 관점, 꼼꼼한 고증, 그리고 시원스러운 글 솜씨로 정평이 나 있는 책이다. 제목은 풍속사지만 사회사, 음악사, 미술사 등을 넘나드는 저자의 방대한 지적 세계가 유감없이 펼쳐진다.

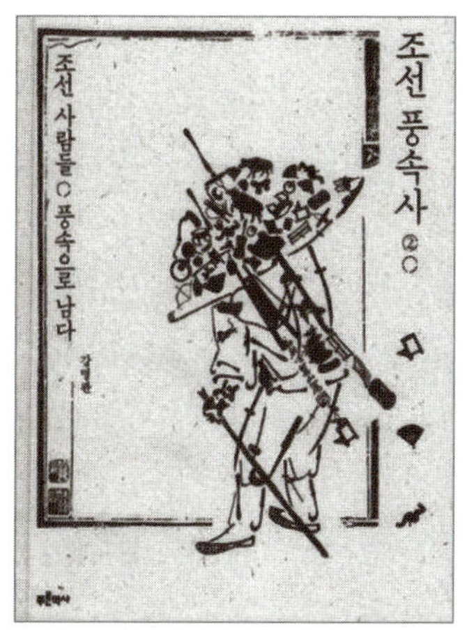

저자는 마치 만담꾼처럼 치밀한 논증과 해석을 바탕으로 풍속화마다 그것에 얽힌 풍부한 정보를 아낌없이 끄집어내고 있다. 특히 부조리한 세상 속에서 살아가야 한 민중의 평범하고 무구한 일상과

애환을 생생하게 옮겨놓는다.

《조선풍속사》는 모두 3권으로 되어 있다. 저자는 "백문이 불여일견이라고 아무리 정밀한 언어적 묘사도 한 장의 그림만 못한 것"이라고 말하고 있다. 실제로 그는 그림으로 조선의 풍속을 세밀하게 풀어낸다.

1권 《조선 사람들 단원의 그림이 되다》는 《단원풍속도첩》에 실린 시리즈 그림, 즉 쌍겨리논갈이, 들밥새참, 타작, 나무하기와 윷놀이, 어살, 대장간, 우물가, 빨래터, 길쌈, 씨름, 무동, 서당, 활쏘기, 행상, 주막, 신행길 등을 소재로 한 25장의 그림을 화두로 고전 문헌에 대한 방대한 지적 편력을 동원해 조선 풍속사 전체의 복원을 시도한다. 풍속화를 회화사적이 아닌, 풍속사적으로 접근하여 해설한다는 것이 특징이다.

2권 《조선 사람들 풍속으로 남다》는 단원과 혜원의 풍속화 이외의 풍속화로, 3권은 혜원 김홍도의 그림으로 이야기를 풀었다. 이 시리즈의 책은 문학의 역사, 풍속사, 사회사, 음악사, 미술사 등 방대한 지식을 담고 있다.

 원칙의 힘으로 시대를 열어가는 문재인 리더십

09 로마인 이야기

《로마인 이야기》는 시오노 나나미가 역사서들을 읽고 해석하여 로마에 대해 잘 모르는 사람들도 쉽게 다가갈 수 있도록 쓴 일종의 역사 입문서이다. 이 책의 작가는 지루할 것 같은 방대한 역사를 꼼꼼한 필체로 재미있고 친근감 있게 접근했지만, 서양에 대한 편견을 가지고 있는 사람들에게는 충격을 받기에 충분한 책이다.

작가의 위대성은 그가 일본인이면서도 지역, 인종, 편견 등을 넘어서서 객관적으로 집필하였다는 것이다. 더욱이 읽으면 읽을수록 그의 문학과 역사에 대한 애착, 그리고 존경심이 절로 느껴지게 한다.

시오노 나나미가 쓴 《로마인 이야기》를 통해서 인류가 살아감에 있어서 현실과 이상의 모순점에 대해 생각하게 되었으며, 타협을 통해 살아가는 수밖에 없다는 것을 알려주고 있다.

역사라는 것이 어떤 사람의 기록으로 남아 전해지는 것이기 때문에 와전될 수도 있다는 위험성을 안고 있다. 역사책을 쓸 때는 정확한 자료를 토대로 하지만 '이랬을 것이다'고 추측을 할 뿐이지 '반드시 이렇다'고는 말할 수가 없다. 시오노 나나미는 역사에서의 교훈을 일반인들에게 충분히 가능성 있는 이야기로 정리해서 들려주려는 초점을 가지고 책을 써나갔다.

《로마인 이야기》는 총 15권으로 로마의 흥망성쇠에 대해서 쓰고 있다. 책이 15권이나 되지만 모든 책들의 내용은 군더더기가 전혀 없는 알찬 내용으로 되어 있다. 이 책 전반부터 후반까지 전체 내용이 지은이의 세심한 관찰과 노력이 느껴질 정도로 자세하게 묘사되어 있다. 특히 지명에 대한 정보, 인물에 대한 상세한 묘사 등 책 속의 로마인과 친해질 기회를 마련해 주고 있다. 책을 읽을 때마다 시오노 나나미와 함께 로마 역사의 한가운데 서 있는 것 같은 느낌을 준다.

《로마인 이야기》는 로마가 세계사를 통틀어서 가장 개화된 나라, 가장 문명이 발달한 나라였다는 것을 알려 준다. 《로마인 이야기》는 사회 경험이 부족한 청소년들에게 국가, 종교, 정치 등을 망라한 전체를 설명하기에 적절한 책이다.

06
문재인이 꿈꾸는 세상

01 공평과 정의를
나라의 근간으로 삼겠습니다

문재인은 어린 시절에 가난한 삶을 살면서 사회의 모순과 빈부의 격차에서 사회참여 의식을 배워갔으며, 고등학교부터 옳지 않은 것과는 타협하지 않는 자세를 가지게 되었다. 고등학교 때부터 3선 개헌 반대 시위, 학교를 병영화하려는 교련에 대한 항의 등을 계기로 문제인이 말하는 시대정신인 '정의'라는 단어를 이때부터 가슴속에 심게 되었다.

문재인의 정의는 바로 약자의 편에 서는 것을 말한다. 현재 우리나라는 이긴 자만이 배부르게 먹을 수 있고, 강한 사람이 지배하는 낡은 질서가 판을 치고 있다. 이제 이러한 낡은 질서를 없애고, 대한민국에 서로가 잘살고, 평화로운 새 질서를 수립하기 위해 문재인은 가장 먼저 공평하고 정의로운 원칙을 세우고자 한다.

이전의 정권에서는 입으로는 공정 사회를 부르짖었지만 실제로는 측근 세력들이 국가 권력을 사유화하고 공공성을 파괴하여 국민들에게 실망을 주고 있다. 그뿐만 아니라 일부의 토목과 건축에 관련된 세력과 재벌 집단, 그리고 최상위 계층에게 이익을 과도하게 몰아줌으로써 공정이라는 말 자체를 웃음거리로 만들고 말았다. 이익이 일부에게만 돌아가게 되면 소외된 사람들은 허탈감과 분노 때문에 서로 믿고 잘사는 사회를 만드는 것은 불가능하다.

문재인은 이러한 문제를 해결하기 위하여 모든 시민들에게 균등한 기회를 고르게 제공하는 '공평'과, 반칙과 특권, 부정부패를 척결하는 '정의', 이 두 가지 가치를 근간으로 새로운 대한민국을 만들어나가겠다고 비전을 세웠다.

문재인은 정의의 원칙을 경제 분야에서 더욱 강조하고 있다. 현재 사회는 많이 버는 사람들이 세금을 적게 내는 일이 많고 오히려 적게 버는 월급쟁이들은 정확하게 세금을 내고 있다. 이러한 현상이 지속되면 사람들은 불평불만을 하게 되고, 위화감이 조성되어 사람들의 마음을 하나로 할 수 없다.

따라서 이러한 문제를 해결하기 위하여 문재인은 세금을 올바로 걷는 정치를 실현하여 소득 있는 곳에 반드시 세금을 내야 한다는 원칙을 지키려고 한다. 그래서 소득이 생기면 반드시 세금을 내야 한다는 생각을 갖게 하려고 한다.

우리나라는 이제 어느 정도의 정치 민주화를 이루었지만 경제 민주화가 절실히 필요한 때이다. 이를 위해서 문재인은 재벌이 시장을 좌지우지하는 지배 구조를 개선하고 공정한 거래 질서가 이루어지는 분위기를 확립하려고 한다. 공정한 거래 질서를 확립하기 위해서는 대기업과 중소기업 간의 힘의 불균형을 바로잡아 약자가 억울하게 당하는 것을 막아줄 생각이다.

　원칙의 힘으로 시대를 열어가는 문재인 리더십

문재인은 회사와 사회가 발전하기 위해서는 노사 간의 화합이 매우 중요하다고 생각한다. 그리고 노동자들의 목소리가 적극적으로 경영에 반영될 때 기업 성과는 더욱 개선된다고 생각한다. 그래서 문재인은 노사는 한 배를 탄 공동 운명체이기 때문에 노동자들을 부당하게 해고하거나 권익이 부당하게 침해당하는 일은 없애려고 한다. 그리하여 소수의 강자가 다수 위에 군림하지 않고, 약자와 강자가 공존 상생하는 경제 질서를 만드는 것이 경제 민주화에 대한 문재인의 비전인 것이다.

02 4대 성장 전략으로 국가 발전을 이루겠습니다

우리나라는 그동안 성장을 우선으로 하고 나중에 분배를 하려고 하였다. 그러나 이러한 생각은 빈부 격차를 가져와 사회적 양극화와 성장 잠재력 저하라는 아픈 결과를 낳았다. 문재인은 이러한 현상을 극복하기 위해 성장과 분배, 환경과 평화가 힘차고 활발하게 움직여 순환이 잘되는 4대 성장 전략을 추진하겠다는 것이 비전이다. 세부 내용을 보면 다음과 같다.

첫째, 분배와 재분배를 강화하여 중산층과 서민들의 실제로 사려는 욕구와 실제로 살 수 있는 능력을 확대함으로써, 소비와 투자를 촉진하는 '포용적 성장'을 추진하려고 한다.

이를 위해 근로자의 최저임금을 높이고 최저 생활의 보장을 전제로 하여 주는 기본 임금의 개념을 정책에 반영하려고 한다. 그리고 복지에 대한 투자를 확대하고 활성화하여 서민 경제를 활성화하려고 한다. 또한, 재벌과 거대 기업의 과도한 경제력 집중을 억제하고, 고용의 대부분을 감당하는 중소기업이 성장의 중심에 서도록 지원하려고 한다. 사회적 기업*과 협동조합*을 육성하는 등 사회적 경제를 확대하여 포용적 성장을 이루기 위한 거시 구조적 개혁도 추진해 나가려고 한다.

둘째, 사람이 가진 개인적인 능력, 지식, 기술, 경험 등 인적 자본에 대한 투자를 강화하여 사람이 중심이 되어 이루는 경제 성장을 실현하려고 한다. 그러기 위해서는 시대적·사회적 요청에 부응하고 급격하게 변화하는 사회에 적응하기 위해 교육제도의 전반적인 변화가 이루어져야 한다. 문재인은 이러한 교육 혁신을 통해 학생들과 학부모의 고통을 줄이고 입시를 위한 과잉 학습 대신 평생 공부하는 체제가 자리 잡도록 일대 교육 혁신을 해내겠다는 비전을 갖고 있다. 그리고 문화 분야에서도 전반적인 변화를 통해 모든 국

---

* 사회적 기업 : 취약 계층에게 사회 서비스 또는 일자리를 제공하여 지역 주민의 삶의 질을 높이는 등의 사회적 목적을 추구하면서 재화 및 서비스의 생산·판매 등 영업 활동을 수행하는 기업을 말한다.

* 협동조합 : 경제적으로 어렵고 사회적으로 소외된 사람들이 뜻을 같이하고 힘을 한데 모아 스스로 자신들의 처지를 개선하고 필요를 충족시키기 위해 만든 경제 조직을 말한다.

민의 창조성을 높이고 이를 통해 기술 혁신과 새로운 산업을 만드는 힘찬 파동을 일으키는 '창조적 성장'을 추진하겠다고 한다.

셋째, 석유 자원이 고갈되는 것을 대비하여 신재생 에너지*의 비중을 대폭 확대하고, 녹색 에너지 기술, 건축, 전기자동차 제조 등 여러 영역에서 신산업을 육성하는 '생태적 성장'을 추진하겠다고 한다.

그뿐만 아니라 원전의 위험성이 증가하고 있어 추가 원전의 건설을 중단하고 수명이 다된 원전은 가동을 중지시키며, 신재생 에너지의 비중이 확대되는 만큼 원전의 비중을 줄여나가겠다고 한다. 이는 단순히 에너지 종류를 바꾸거나 아끼는 정도가 아니라, 산업과 소비생활 전반의 구조를 바꾸는 제3차 산업혁명이라 할 수 있는 변화이다. 이를 위해 토건 사업, 개발 사업이 늘 우위에 있었던 정부 구조와 재정 지출 구조도 혁신하겠다고 한다. 그러기 위해서는 산업, 환경, 농림, 국토 등 여러 부처를 지속 가능성의 중요성 아래 재편해 나가겠다고 한다.

---

* 신재생 에너지 : 신재생 에너지는 신에너지와 재생 에너지를 합쳐 부르는 말이다. 기존 화석 연료를 변환하여 이용하거나 햇빛, 물, 강수, 생물 유기체 등을 포함하여 재생이 가능한 에너지로 변환하여 이용하는 에너지를 말한다. 재생 에너지에는 태양광, 태양열, 바이오, 풍력, 수력 등이 있고, 신에너지에는 연료전지, 수소 에너지 등이 있다.

 원칙의 힘으로 시대를 열어가는 문재인 리더십

넷째, 인터넷과 SNS를 통해 전 세계로 확산되고 있는 소통 네트워크를 기반으로 국경과 경쟁을 넘어 집단 협업, 개방형 혁신, 협동 생태계를 활용하는 '협력적 성장'을 추진하겠다고 한다.

이런 새로운 인식 아래, 한반도 평화와 남북 협력을 강력한 성장 동력으로 활용하려고 한다. 그러기 위해서는 남북한은 자원, 기술, 인력 등 많은 점에서 탁월한 보완 관계를 유지해야 한다. 또한, 평화를 바탕으로 서로의 강점을 엮어 동북아시아로, 또 세계로 함께 진출해야 한다.

03 강한 복지국가를 만들겠습니다

정조대왕은 "위에서 손해를 보고 아래가 이득이 되게 하라損上益下. 그것이 국가가 할 일이다."라고 말했다. 정조는 200년 전에도 이와 같은 소득 재분배, 복지국가의 사상을 가지고 나라를 다스렸다. 이 제 우리는 복지국가를 향해 두려움 없이 나아갈 때이다. 우리는 너 무 성장을 우선시 했기 때문에 다른 선진국에 비해 늦었기 때문에 복지를 향해서 더욱 발걸음을 재촉해야 한다.

복지가 대중에게 표를 얻기 위한 정책이 아니라 모든 국민이 실 질적으로 혜택을 받도록 해야 한다. 그러기 위해서 문재인은 부자 들에게 세금을 감면해 주는 것, 4대강 사업 같은 시대착오적 과오 를 청산하고, 하루빨리 복지국가로 가야 한다고 생각한다.

복지는 돈만 쓰는 낭비가 아니고 모든 사람이 소외당하지 않고 행복하게 살 수 있는 미래를 위한 투자이다. 사람에 대한 투자이며, 동시에 강력한 성장 전략이기도 하다. 노르웨이나 스웨덴 등 북유럽 국가를 보면 알 수 있듯이 복지가 잘된 국가일수록 국가 경쟁력도 더 높은 것이 현실이다.

복지를 확대하게 되면 보육, 교육, 의료, 요양 등 사회 서비스 부문에 수많은 일자리가 생기고, 자영업에 몰려 있는 과잉 인력을 흡수할 수 있다. 또한, 고질적인 주택 부족을 벗어날 수 있도록 임대주택과 같은 주거 복지를 늘리는 것도 좋은 전월세 대책이다.

결국 복지국가로 가는 길은 사람에 대한 투자, 일자리 창출, 자영업자의 고통을 줄여 주는 것, 삶의 질 향상 등 1석 4조의 효과를 만나는 길이다. 문재인은 과감히 강한 보편적 복지국가로 가려는 비전을 가지고 있다. 이렇게 해야 국민의 살림이 서서히 나아질 것이며 5년 뒤에는 큰 성과가 나타날 것이라고 보고 있다.

04 일자리를 늘리겠습니다

문재인의 비전은 복지의 확대와 함께 강력한 '일자리 혁명'을 이루는 것이다. 지금 너무나 많은 젊은이들과 실업자, 비정규직 종사자, 근로 능력이 있는 고령자들이 일할 수 있는 기회와 더 좋은 일자리를 요구하고 있다.

문재인은 좋은 일자리 창출을 위해서는 비정규직을 정규직으로 전환하는 것을 촉진해야 하며, 비정규직에 대한 차별을 철폐해야 한다고 생각한다. 또한, 근로시간 단축을 통한 신규 고용 확대, 고용영향평가제도*의 채택, 고용 증진과 기업 지원의 연계 등을 중요한 정책 수단으로 채택하겠다는 비전을 가지고 있다.

---

* **고용영향평가제도** : 국가 및 지방자치단체의 주요 사업 · 정책 및 법 · 제도가 고용에 미치는 영향을 분석 · 평가하는 제도

　그리고 보육, 교육, 의료, 복지 등 사회 서비스 부문은 무궁무진한 잠재적 일자리의 보고이기 때문에 정보통신 산업, 바이오산업, 나노산업, 신재생 에너지 산업, 문화산업과 콘텐츠 산업 등 신산업을 크게 일으켜 일자리를 대대적으로 만들겠다는 비전도 가지고 있다.

　일자리 없는 곳에서 국민들은 희망을 찾을 수 없다. 따라서 일자리를 만드는 것은 정부가 해야 할 중요한 과제 중의 하나다. 대도시에서는 그런대로 일자리가 많지만 지방 일자리는 부족한 곳이 많다. 따라서 문재인은 지방 일자리를 만드는 데 대해 특별한 노력을 기울이려고 한다. 결국 지방의 일자리를 만드는 것 자체가 지역의 균형 발전을 가져온다. 지역의 균형 발전을 위해서는 산업 균형, 일자리 균형을 이루는 것이 중요하다.

　앞으로 문재인은 지역의 균형 발전을 위해서 세종시와 혁신 도시를 지방 일자리 창출의 거점으로 만들겠다는 포부를 가지고 있다. 그래서 공기업과 공무원의 지역 우대 채용, 각종 정부 지원으로 인해 생기는 인력은 지방에서 채용을 확대하려고 한다.

　문재인은 일자리 창출이 지속적으로 유지하기 위해서 대통령이 되면 가장 먼저 대통령 직속으로 '국가일자리위원회'를 설치하고 매달 '일자리 점검 범정부 회의'를 개최하여 일자리 마련 상황을 점검, 독려하려고 한다.

05 노약자가 활짝 웃는 나라를 만들겠습니다

좋은 나라를 만들기 위해서는 우선 아이들이 행복한 나라를 만들어야 한다. 아이들이 행복하기 위해서는 행복한 교육, 즐거운 학교를 만드는 것이 교육 혁신의 기본 방향이어야 한다. 이를 위해 문재인은 유아, 초등 단계의 과도한 학습 부담을 없애고 특기·적성 이외의 사교육을 최대한 줄여나가겠다는 비전을 가지고 있다.

문재인은 교육이 진보나 보수라는 이념의 전장이 되어서는 안 된다고 생각한다. 교육은 진보도 보수도 아니고 오직 아이들을 위해 존재해야 한다. 그러기 위해서는 학생, 교사, 학교의 자율성, 창의성을 보장하고 마을이 아이를 함께 키울 수 있도록 지원해야 한다고 생각한다. 또한, 좋은 일자리와 산업 혁신을 위해서는 평생학습 체제가 뒷받침되어야 하는데 평생학습 참가율을 선진국 수준으로 끌어올리겠다는 것도 문재인의 비전이다.

지금 우리가 누리는 풍요는 모두 어르신들의 희생 덕분이다. 그러나 어르신들은 노후 대비를 할 겨를도 없이, 급격한 가족 구조 변화와 노동시장 변화로 극심한 어려움을 겪고 있다. 이러한 세대들을 위해서 이제 사회가 챙겨야 할 때가 되었다.

이를 위해서 문재인은 과거 참여정부가 도입했던 기초노령연금, 장기요양보험을 대폭 강화하고, 건강 지원 방법을 새로운 차원으로 개선하겠다는 비전을 가지고 있다. 그래서 노인 일자리를 늘리고, 특히 그 연륜과 경험을 지역사회에 활용할 수 있는 방안도 마련하겠다고 한다.

그러나 남녀의 실질적 평등을 위해서도 아직 남은 숙제가 많다. 아직도 우리나라는 남성에 비해 여성들의 삶은 행복하지 않다. 가사와 육아, 노인을 돌보는 책임은 여전히 여성들에게만 맡겨져 있다. OECD 수준에 훨씬 못 미치는 여성 경제활동 참가율이나 세계 최저의 출산율은 대한민국의 여성들이 얼마나 힘들게 살고 있는지 잘 말해주고 있다.

이를 해결하기 위해서 문재인은 가족 돌봄의 공적 서비스를 확대해서 여성의 부담을 줄이겠다고 한다. 또한, 여성의 취업과 승진 기회의 제한 등 사회적 차별을 해소할 수 있는 적극적 대책도 만들겠다고 한다. 그러면 남녀가 함께 일하고, 함께 돌보는 사회로 발전한다고 보고 있다.

06 대한민국은 강하게, 한반도는 평화롭게 만들겠습니다

우리는 주변의 강대국들로 둘러싸여 있다. 또한, 지구상에서 유일한 분단국가로 대치 중에 있다. 그러다 보니 국가의 존립과 국토방위는 헌법상 대통령에게 주어진 가장 막중한 의무이다. 국가의 존립과 국토방위를 위해서 필요한 것은 바로 국방력이다. 결국 모든 대외 정책의 출발은 튼튼한 국방력으로부터 시작한다.

문재인은 대한민국 군을 강하고 유능한 군대로 만들겠다는 비전을 가지고 있다. 그러면서 미국과의 관계를 더욱 건강하고 바람직한 관계로 발전시키고, 중국과 일본, 러시아 등 주변국들과도 호혜협력 관계를 더욱 강화해 나가려고 한다.

전쟁의 불안에서 한반도를 해방시키겠다는 것도 문재인의 비전이다. 요즘에 와서 국가 안보가 많이 흔들리고 있다. 이제는 북한과 분쟁과 대결의 상대가 아니라 대화와 화합의 상대로 만들어야 한다. 이를 위해서 피로 얼룩졌던 휴전선과 북방한계선 일대를 평화 경제 지대로 만들겠다는 포부를 가지고 있다.

문재인은 대통령이 되면 김대중 대통령의 6·15 공동선언*과 노무현 대통령의 10·4 남북정상선언*을 남북 양측이 책임 있게 지키고 이행하도록 하려고 한다. 그리고 개성공단을 확장하고 금강산 관광을 재개하여 금강산과 설악산, 평창을 연결하는 국제 관광특구를 만들어 적극 키우겠다는 포부도 가지고 있다.

그뿐만 아니라 남북 군사 대결 지대를 공동 이익을 창출하는 경제 지대로 전환하여 부모들이 안심하고 자식을 군대 보내는 안보 환경을 만들겠다고 한다. 그리고 특권층의 군대 안 가기를 철저하게 막는 한편 젊은이들의 병역 부담을 줄여나갈 뿐만 아니라 사병의 복지도 크게 향상시키겠다고 한다.

한반도의 평화를 위해서는 북핵 문제를 평화적으로 해결하고

---

* 6·15 공동선언 : 2000년 6월 14일, 분단 이후 최초로 남북한 정상회담을 통해 한국의 김대중 대통령과 북한의 김정일 국방위원장이 합의하여 6월 15일 발표한 5개항의 합의 내용을 담고 있는 선언이다.

* 10·4 남북정상선언 : 2007년 10월 4일, 노무현 대통령과 김정일 북한 국방위원장이 공동으로 발표한 '남북 관계 발전과 평화 번영을 위한 선언'을 말한다.

한반도 평화 체제를 구축해야 한다. 문제인은 북한의 핵을 용인할 수 없다는 확고한 입장을 가지고 있다. 따라서 대화와 협상을 통해 반드시 핵을 포기하도록 만들겠다는 생각을 가지고 있다. 그런 차원에서 중단된 6자회담을 재개하고 대한민국의 주도적 역할을 복원하겠다고 한다. 이를 통해 6자회담과 남북 관계 복원, 평화 체제 구축작업을 병행 추진하여 한반도에 평화와 공동 번영의 구조를 만들어 나가겠다고 한다.

　원칙의 힘으로 시대를 열어가는 문재인 리더십

■ 묻고 답하기 33가지

01. 자신의 성격은 : 내성적, 신중하고 잘 참는 편. 재미는 별로 없는 성격

02. 자신의 장점은 : 대체로 처음 만나는 사람들에게 호감을 주는 편이라는 말을 꽤 들었습니다. 사실이라면 제게 큰 복인 셈이죠.

03. 자신의 단점은 : 성격이 진지한 편에 유머 같은 게 별 없어서 남들이 재미없을 것 같습니다. 완벽주의 같은 게 있어서 저 자신을 혹사시키는 편입니다.

04. 학창시절 좋아했던 / 싫어했던 과목 : 역사, 국어, 사회과목 쪽을 좋아했고 성적도 좋았습니다. 수학, 과학, 외국어 쪽이 재미없었습니다.

05. 학교 다닐 때 가장 높았던 / 낮았던 등수는 : 대체로 상위권이었습니다.

06. 요즘 시대 멋진 여성상은 : 스스로 여성이란 한계에 갇혀 살지 않는 여성

07. 이상적인 남성상 : 존경하는 사람으로 이상형을 말한다면 다산 정약용 같은 분입니다. 정신적으로 자유로운 삶을 추구하지만, 그렇다고 선승처럼 삶을 초탈한 자유까지는 바라지 않고, 삶에 뿌리 박은 자유가 저의 이상입니다. 다산은 성리학이 교조였던 시대에 그에 얽매이지 않고 자유로운 정신으로 지식을 추구한 우리나라 역사상 최고의 지성이었습니다. 또, 역경에 굴하지 않는 강인한 정신과 한결같음도 우리 역사에서는 비교될 만한 사람이 없습니다.

08. 사람을 평가하는 기준 : 변함없이 꾸준한 사람을 높이 평가하고 좋아합니다. 일생을 통해 변함없이 꾸준할 수 있다면 그런 분이 바로 위인이 아닐까 생각합니다.

09. 가장 즐거웠던 때 : 아무래도 사법시험에 합격했을 때와 노무현 대통령이 당선되었을 때가 아닌가 싶네요. 사법시험 합격은 1980년 5월 18일 계엄 확대 때 계엄포고령 위반으로 구속되어 청량리경찰서 유치장에 수감되어 있을 때 발표가 났습니다. 그때만 해도 사법고시에 합격하면 바로 '영감님'이라고 불리던 문화가 남아 있을 때였는데, 내가 유치장에 갇혀 있으니 경찰은 축하차 온 학생처장, 법대 동문회장 같은 분들이 유치장으로 들어와서 함께 소주 파티를 할 수 있게 해주었습니다.

급기야는 유치장 안에서 외부 인사들과 함께 노래까지 불렀으니 여러모로 착잡하고 비분강개한 기분 속의 기쁨이었습니다. 어쨌든 그 덕분에 며칠 후 석방되었고, 제 삶에서 극적인 전환점이 되었습니다. 노무현 대통령이 당선된 날은 다른 지역도 비슷했겠지만 특히 부산에서는 밤늦게까지 시내 곳곳에서 축하 행사와 행진 같은 세레머니가 이어졌습니다. 도로도 곳곳에서 해방구처럼 되었는데, 경찰도 모른 척 해주었습니다. 그때 저는 부산 선대본부장이어서 밤늦도록 돌아다니면서 상황들을 살펴보기도 하고, 사람들과 함께 기쁨을 나누기도 했습니다. 참으로 한점 그늘 없이 마음껏 기쁜 날이었습니다.

10. **가장 후회되는 때** : 늘 자잘한 후회들을 하면서 살지만 가장 후회되는 때라고 집어내기는 어렵네요. 자랄 때 아주 가난해서 부모님이 그야말로 교육열 하나로 저를 억지로 대학에 보냈는데, 저는 그 기대에 어긋나게 데모하다가 제적되고 구속되고 하였습니다. 결국 제 아버님은 제가 석방 후 군대까지 갔다 왔는데도 복학이 되지 않고 있던 낭인 시절에 제가 잘되는 모습을 보지 못한 채 돌아가셨습니다. 그런 것이 가장 큰 회한으로 남아 있는데 후회라는 것과는 좀 다른 것 같습니다.

11. **가장 고마운 사람** : 역시 어머니겠지요. 다음이 아내이겠는데,

그래도 아내에게는 내가 준 것도 있을 테지만 어머니는 내가 받기만 했으니까요.

12. 꼴불견이라고 생각하는 것 : 권력이나 이익을 탐해서 지조나 양심을 판 사람이 한술 더 떠서 영합하거나 더 악질 노릇을 하는 것

13. 한 달 독서량 : 2~3권

14. 사랑이란 : 사랑이란 그냥 샘솟는 것이 아니라 지켜가는 것 아닐까요.

15. 스트레스 해소법 : 낮에는 땀 흘리면서 마당 일을 열심히 합니다. 밭일을 하거나 나무 같은 것을 심거나 마당에서 풀을 뽑는 등의 단순노동이 좋습니다.

16. 가장 창피했던 적은 : 대학입시를 재수했는데, 첫 해 대학에 떨어졌을 때 부모님 뵙기가 어찌나 창피하고 면목없던지 집에 들어갈 수가 없었습니다.

17. 가장 아팠던 기억 : 어릴 때 팽이라든지 연 같이 필요한 놀이기구를 만들어 줄 사람도 없고 사 쓸 수도 없어서 내가 직접 만들곤 했는데, 초등학교 3학년 무렵에 연실 감는 자세(얼레)를 만드느라 부엌칼로 나무를 다듬다가 칼로 손가락을 내려쳐서

손가락 끝이 잘려나갈 정도로 깊이 베인 적이 있습니다. 요즘 같아선 병원에 가서 여러 바늘 꿰매야 할 상처였는데도 야단 안 맞으려고 어른들에게 말하지 않고 혼자서 상처를 싸매고 버텼는데, 아프기도 하고 피가 엄청나서 무섭기도 했던 기억이 생생하네요.

18. **좌우명은 :** 어려울수록 원칙으로 돌아가라.

19. **어린 시절의 꿈 :** 어린 시절 장래 희망은 우리 역사를 전공하는 국사학자가 되고 싶은 것이었는데, 대학 선택 때 법·상대를 바라는 부모님의 바람에 지고 말았습니다. 또 하나의 꿈은 함경남도 흥남, 피난 내려오기 전에 부모님이 사셨던 곳에 꼭 한번 부모님을 모시고 가보고 싶은 것이었는데 아직 꿈을 이루지 못하고 있습니다. 어머니는 아직 살아계시는데 생전에 고향 땅을 밟아 볼 수 있을는지요.

20. **대학 시절 학생운동을 시작하게 된 계기는 :** 4·19, 5·16 쿠데타, 한일회담, 3선 개헌, 위수령, 10월 유신 등으로 굴곡진 시대를 살았기 때문에 비판의식은 일찍부터 가지고 있었습니다. 그러던 차에 민청학련과 인혁당 사건 같은 무지막지한 시대 상황을 겪으면서 깨지더라도 행동해야 한다는 절박한 심정을

갖게 된 것이지요. 그래도 계기가 없었으면 고민만 하다가 말 았을 수도 있는데, 마침 뜻이 맞고 행동을 함께할 친구가 한 명 있었던 것이 서로 간에 의지와 격려가 되면서 함께 공범의 길을 걸어갈 수 있게 해주었습니다.

21. 군대 시절에 대한 기억 : 대학 재학 중 데모로 구속되었다가 집행유예로 석방되니 신체검사를 받지도 않았는데 곧바로 입영영장이 나왔습니다. 일종의 강제 징집이지요. 나중에 세월이 많이 흐른 후에 민주화 보상 관계로 자료를 보니, 그때 검사가 집행유예가 부당하다며 항소를 해서 항소심재판이 열렸는데 저는 그 사실도 모른 채 입영했습니다. 그런데 항소심 판결문에는 제가 참석해서 재판을 받은 것으로 되어 있더군요. 물론 검사 항소를 기각하는 판결이어서 저에게 불이익은 없었습니다. 요즘 같으면 상상도 할 수 없는 일이지만 그런 시대가 있었습니다. 입대해서 배치된 곳이 특전사 공수부대였는데 여단장 전두환, 대대장 장세동이었으니 재미있지요? 군대 이야기를 하자면 한이 없으니 이번에는 이 정도만 하지요.

22. 특정인에 대한 본인의 판단과 주변의 평판이 너무 다르다면 : 본인의 판단이 먼저 있은 후 그와 다른 주변의 평판을 듣게 된

다면 본인의 판단을 점검해 보아야겠지요. 그러나 주변의 평
판을 알면서 다른 판단을 한 경우라면 저는 주변의 평판에 개
의치 않고 제 판단에 따릅니다.

23. 직업을 바꾼다면 : 역사학자

24. 인간관계에서 가장 중요한 것은 : 역시 성실이겠죠. 자신이 인
정받고 대접받는 방법이기도 하지요. 심지어 부부 관계에서도
사랑을 오래 지속시키는 것, 사랑의 열정이 식더라도 좋은 부
부 관계를 유지하게 하는 것은 성실이라고 생각합니다.

25. 나의 자녀 교육 방침 : '본인 의사 존중' 이었는데, 이 치열한
세상에 맞는 교육 방침이었는지 자신 없습니다.

26. 존경하는 정치인 : 역사상의 인물을 망라하자면 세종대왕의
리더십이 최고일 것 같습니다. 현대 정치 지도자만 대상으로
하자면, 프랑크린 루즈벨트 미국 대통령의 진보적이면서도 통
합적인 리더십이 존경스럽죠.

27. 대통령이 갖춰야 할 가장 중요한 덕목은 뭘까 : 통찰력과 균형
감각

28. 노무현 대통령과의 추억 한 가지 : 변호사 사무실을 동업할
때, 봉하 시골집에 놀러 가서 함께 봉화산을 오르기도 하고,

화포천 둑길을 걷기도 하고, 형님이 농사짓던 논이며 단감밭을 둘러보기도 하고, 집앞을 흐르던 수로에서 붕어 낚시를 한 적도 있는데 그럴 때마다 참 부러웠습니다. 우선 멀지 않은 곳에 언제나 찾을 수 있는 고향이 있다는 것이 부러웠고, 또 고향을 사랑하고 자랑스러워하는 그분의 마음도 부러웠습니다. 우리집은 이북에서 피난 온 실향민이었거든요.

29. **청소년들에게 권하고 싶은 책** : 《백범일지》, 《전환시대의 논리》, 《난장이가 쏘아올린 작은 공》, 《나의 문화유산 답사기》, 《로마인 이야기》

30. **세상에서 가장 아름다운 것** : 갓난아기를 어르는 어머니

31. **지금 잃고 싶지 않은 소중한 것이 있다면** : 신뢰

32. **내가 생각하는 행복이란** : 얽매이지 않는 자유로움

33. **이상적인 세상은 어떤 모습일까** : 서로가 서로를 배려하는 세상

문재인의 어록

- 가난이 고맙다고 할 수는 없지만, 가난이 없었다면 저는 지금과는 다른 모습일 것입니다. 시련을 시련으로 남겨 놓지 마십시오. 시련에서 시작해 보십시오.

- 흔히 인생은 자신과의 싸움이라고 합니다. 자신과의 싸움에서 스스로 균형을 잃고 무너지지 않아야 합니다.

- 꿈은 그릴 수 있을 만큼 구체적이어야 합니다. 원하는 꿈이 있다면 머릿속에 구체적으로 그리고, 풍부한 상상력을 동원해 실제로 꿈이 이루어졌을 때의 행복한 감정을 온몸으로 느낄 수 있어야 합니다. 꿈은 반드시 이루어집니다.

- 중요한 것은 속도가 아니라 방향입니다. 내가 왜! 무엇 때문에! 어디로! 가는지 알지 못한다면 중간 중간 당신의 일상에 쉼표를 하나씩 찍고 달리십시오.

- 가슴을 펴고 내 앞에 놓은 운명을 당당하게 받아들이십시오, 불행의 끝자락을 잘 살펴보면 거기에 행운의 매듭이 보일지도 모르기 때문입니다.

- 행복은 자신의 인생에 감사하는 것이고, 불행은 남의 인생을
  흉내 내는 것입니다.

- 힘든 사람에게 진정 필요한 것은 조언과 격려가 아닙니다. 그
  의 말을 들어줄 사람입니다. 남의 얘기를 진심으로 들어주는
  것만으로도 많은 일들이 풀릴 것입니다.

- 내가 보는 나보다 남이 보는 내가 더 정확할 수 있습니다. 그러
  니 가끔은 남의 말을 듣는 것이 좋습니다. 남의 시선을 의식하
  지 말라는 말은 귀까지 닫으라는 말이 아닙니다. 나쁜 관행, 불
  편한 관행은 시간이 지나면 고쳐지는 것이 아니라 누군가 목소
  리를 내야 고쳐집니다.

- 행복할 때 행복해 하십시오. 내일보다는 오늘 행복해지십시오.
  오늘 찾아온 행복에 기뻐하고 감사하며 충분히 즐길 줄 알아야
  합니다.

- 내가 원하는 삶을 사십시오. 가슴이 시키는 일을 하십시오. 저
  는 그동안 정치와 거리를 둬 왔습니다. 하지만 제 가슴이 제게
  시켰기에 저는 이 일을 합니다.

- 지금 손에 책이 들려 있다는 사실만으로도 당신은 분명 행복한
  사람입니다.

- 화가 날 땐 어떻게 대처해야 할까요? 화를 내십시오! 화가 날 땐 화를 내고, 기분 좋을 때는 크게 웃고, 슬플 때는 우십시오. 그 렇게 솔직하게 감정 표현을 하는 것이 나를 건강하게 만듭니다.

- 나도 모르는 사이에 내 마음에 딱지로 남아 있게 된 상처들이 있을 수도 있습니다. 그럴 때는 딱지를 억지로 떼어내려 애쓰 기보다 잘 아물기를 기다리는 시간이 필요합니다. 때로는 조용 히 기다리는 것이 가장 지혜로운 처방일 수도 있습니다.

- 자녀 교육에 가장 중요한 것은 부모의 믿음이라고 생각합니다. 부모가 믿으면 아이들은 그 믿음에 답하려고 애를 씁니다. 부 모의 믿음의 크기가 곧 아이들의 책임의 크기인 것 같습니다.

- 꿈에 시선을 고정하십시오. 당신의 운명은 당신의 시선 쪽으로 움직입니다.

- 스스로 내 자리를 만드십시오. 스스로 자신이 없는 사람일수록 큰사람의 옆자리를 욕심내기 마련입니다. 누군가를 내 옆자리 에 서게 만드십시오.

- 현실에 멀어졌다고 느낄 때, 아무리 어려워도 나만 다른 세상 에 사는 것 같다고 좌절하지 마십시오. 그때가 한층 더 꿈에 가 까워질 기회입니다.

- 외로움을 나눌 친구가 있다는 것만으로도 인생은 앞으로 나갈 힘이 생깁니다. 그렇지만 외로움은 어떻게 치유해야 할까요? 저는 이렇게 시작하라고 권하고 싶습니다. 친구에게 외로움을 치유해 달라고 부탁하는 것이 아니라, 내가 먼저 친구의 외로움을 치유해 주는 것입니다. 그 친구도 외로울 테니까요.

- 지금 가장 힘들고 어렵고 두려운 일이 무엇입니까? 당신은 그 일을 할 수 있습니다.

문재인의 약력

- 1953년　　경남 거제 출생 음력 1952년생
- 1965년　　부산남항초등학교 졸업
- 1968년　　경남중학교 졸업
- 1971년　　경남고등학교 졸업
- 1972년　　경희대학교 법대 입학
- 1975년　　학생운동으로 투옥, 서대문 구치소 수감
- 1978년　　육군 병장 특전사령부 제1공수 특전여단 만기 제대
- 1980년　　경희대학교 법대 졸업
- 1980년　　제22회 사법고시 합격

- **1981년** 　김정숙 씨와 결혼슬하에 1남 1녀

- **1982년** 　– 노무현 변호사와 합동법률사무소 시작

　　　　　　– 부산지방변호사회 인권위원장, 부산 YMCA 이사

　　　　　　– 민주사회를 위한 부산 경남 변호사 모임 대표

　　　　　　– 부산 NCC 인권위원, 불교 인권위원, 천주교 인권위원회

　　　　　　　인권위원

　　　　　　– (사)노동자를 위한 연대 대표, 부산시 교육청 행정심판위원

　　　　　　– 부산지방노동위원회 공익위원, 해양대학교 해사법학과 강사

- **1985년** 　부산민주시민협의회 상임위원

- **1987년** 　부산 국민운동본부 상임집행위원

- **1995년** 　법무법인 부산 설립

- **2002년** 　노무현 대통령 후보 부산 선거대책본부장

- **2003~2005년** 　청와대 민정수석

- **2004년** 　 청와대 시민사회수석

- **2007년** 　– 청와대 비서실장

　　　　　　– 제2차 남북정상회담 추진위원회 위원장

- **2009년** 　 故노무현 前대통령 국민장의위원회 상임집행위원장

- **2010년** 　사람 사는 세상 노무현재단 이사장

- **2011년** 　혁신과 통합 상임공동대표

- **2012년** 　– (현)민주통합당 상임고문

　　　　　　– 민주통합당 국회의원(부산 사상)

참고문헌

김민정(2011), 《세상을 바꾸는 원칙의 멘토 문재인》, 참돌어린이

이종은(2012), 《내가 커서 뭐가 될지 아무도 모르잖아! : 문재인의 꿈과 도전》, 가교출판

문재인(2012), 《사람이 먼저다 : 문재인의 힘》, 퍼플카우

문재인(2012), 《문재인의 운명》, 가교출판

문재인(2012), 《문재인이 드립니다 : 꿈을 놓아버린 이 땅의 청춘들을 위한 포토에세이》,
　　　　리더스북

문재인(2012), 《단숨에 읽는 문재인의 운명》, 가교출판

문재인 · 백무현 저(2012), 《만화 문재인 : 운명을 바꾼 남자》, 마이디팟

문재인 · 한승헌 · 박원순 · 조국 저(2012), 《그 남자 문재인 : 함께 만드는 세상》, 리얼텍스트

휴먼스토리(2011), 《문재인 스타일 : 안철수와 박원순의 아름다운 합의를 이끌어 낸 문재인식
　　　　리더십》, 미르북스

원칙의 힘으로 시대를 열어가는

문재인 리더십

초판 1쇄 인쇄	2012년　11월　　6일
초판 1쇄 발행	2012년　11월　10일
지은이	박정태 · 전도근
펴낸곳	BOOK STAR
펴낸이	박정태
출판등록	2006. 9. 8.　제 313-2006-000198 호
주소	경기도 파주시 문발동 파주출판문화도시 500-8
	광문각 B/D 4F
전화(代)	031)955-8787
팩스	031)955-3730
E-mail	Kwangmk7@hanmail.net

ⓒ 2012, 박정태 · 전도근
ISBN 978-89-97383-07-8　44040
　　　978-89-966204-7-1　(세트)

정가	12,000원

저자와 협의하여 인지를 생략합니다.
잘못 만들어진 책은 바꾸어 드립니다.